윤대현의

마음 성공

열심히 일할수록
삶의 의미를 잃어 가는
당신을 위한
심리학 강의

윤대현의
마음 성공

윤대현

민음사

아침에 눈떴을 때 첫 느낌, 근사하세요?

우울증 환자가 컨디션이 가장 안 좋은 시간은 언제일까?

일상의 피로에 지친 저녁 시간일 것 같지만 정답은 예상과 달리 아침이다. 눈뜰 때 첫 느낌이 우리 감성 시스템의 가장 가공되지 않은, 솔직한 표현이기 때문이다. 하루를 보내면서 감성은 이성의 요구에 의해 조정된다. '감성 노동'이 일어나는 것이다.

현대인들, 정도의 차이만 있을 뿐 누구나 감성 노동을 하며 살고 있다. 서비스업 최전선에 종사하는 사람들에게만 일어나는 현상이 아니다. 하고 싶은 일보다 해야 할 일을 하는 것이 감성 노동이다. 감성 에너지가 충전이 아닌 방전 상태로 스위치가 켜지는 것이다.

"아침에 처음 눈떴을 때 스스로가 근사하게 느껴지세요?"

기업체 강연 시간에 물어보면 손드는 이들이 열에 한 명도 안 된다. 때론 100명 넘는 청중이 전사해 필자를 당황케 한다. '난 근사한 사람이야.'라는 생각은 스트레스 관리 측면에서 최고의 정서 상태다. 근사함은 이성이 영역에 속한 콘텐츠가 아닌, 내 감성 시스템이 제공하는 고품질의 에너지 콘텐츠다. 누가 나를 뭐라 하든, 혹 경쟁 속에 좌절이 닥쳐도, 내가 내 마음의 근사함만 유지할 수 있다면 스트레스로 감성 시스템이 녹다운 되는 것을 막을 수 있다.

사람들에게 인생의 목표가 무어냐고 물어보면 많은 이들이 '행복'이라 답한다. 행복감은 느낌이다. 느낌이기에 막연하고 불안정하다. 행복의 인지적 해석인 '만족스러운 삶'이 안정성이 있기에 보다 정확한 행복의 정의가 될 수 있다. 만족감이란 것은 내 인생의 흐름이 목표대로 순항할 때 나타나는 신호다.

만족감을 다시 감성적으로 표현하면 '근사함'이다. 내가 근사하다고 느껴지는 삶이 만족스러운 삶이다.

그러나 충분히 근사한 사람조차 스스로를 근사하게 여기지 못하는 것이 바로 우리 현대인의 모습이라 안타깝다. 기업체 강의를 가서 발견하는 희한한 현상이, 신입 직원들은 스스로를 근사하다 번쩍 손드는데 오히려 고생해서 높은 직위까지 올라간 상사들의 손은 잘 올라가지 않는다는 것이다. 처음에는 쑥스러워서인가 생각했는데 그게 아니다. 자본주의 경쟁 사회에서 사회 경제적 지위는 올라갔는데 스스로에 대한 근사함은 오히려 떨어지는 현상이 일어나고 있는 것이다. 근사함이 사라진 마음은 충전이 되지 못하고 계속 방전만 되기에 결국은 감성 시스템을 소진 상태로 만든다. 이때 소진 증후군(burnout syndrome)이 찾아온다.

소진 증후군은 말 그대로 우리 감성 에너지라는 배터리가 완전히 방전돼 버릴 때 나타나는, 뇌의 심각한 피로 현상이다. 소진 증후군의 핵심 증상은 삶의 의미가 잘 느껴지지 않는 것이다. 과거에는 완수하면 쾌감이 느껴지고 삶의 의미를 충족해 주었던 일들이 점점 무의미하게 다가온다. 옆에서 보면 매너리즘에 빠진 것처럼 보인다. 개인에게도 삶의 만족감이 없으니 큰 문제고 조직 차원에서도 전반적인 기업 생산성이 떨어지니 문제다. 감성의 문제이기에 이성적으로 촉구하거나 의지를 독려하는 것만으로는 해결이 되지 않는다. 이렇게 하면 오히려 남은 에너지마저 다 방전시킬 수 있다.

다 때려치우고 어디론가 멀리 떠나고 싶은가? 경고 신호가 오는 것이다. 멀쩡한 직장을 그만두고 시골로 내려가고 싶다는 사람이 적지 않다. 그곳에서 삶의 에너지가 충전된다면 진단서라도 긴게 써 주겠지만 실제 내려가 산다 한들 에너지가 보충되지는 않는다. 스트레스로부터 멀리 떠나고 싶은 마음은 솔루션이 아닌 증상이다. 쉬고 싶다, 어디론가 멀리 떠나고 싶다는 마음엔 본질적인 해결책이 보이지 않는다.

더 빠르게, 더 강하게, 더 크게. 세련된 문구로 많이 바뀌긴 했으나 여전히 우리가 속한 자본주의 경쟁 체제의 절대 덕목이자 계명이다. 강한 자가 아름답다, 승자가 모든 것을 얻는다는 이야기다. 수년 전 한 경제 신문 기자가 찾아와, 필자가 우리나라에서 성공한 사람을 가장 많이 상담한 의사라며 성공한 사람들의 심리적 고통이 무엇인지 인터뷰를 하고 싶다 했다. 성공한 사람들의 심리적 고통이라니, 어찌 보면 참 모순된 말이다. 승자가 모든 것을 갖지 못했다는 말 아닌가. 성공한 사람의 허무와 고통은 팔자 좋은 소리라 치부되어 주위의 공감과 위로조차 얻지 못하니 정서적 측면에선 승자가 모든 것을 잃는다는 생각마저 든다. 사회 경제적으로 최상위 그룹에 속하는 사람들의 고독과 허무는 곧 우리가 속한 사회의 한계란 생각이 들었다. 위로받지 못하는 감성 시스템은 충전되지 못한다. 결국 소진 상태에 이르게 된다.

한때 '힐링'이 사회와 문화 전 영역에서 유행이었다. 힐링의 욕구가 커진다는 것, 역설적으로 우리들 마음의 통증도 커지고 있다는 반증 아닐까? 소진 증후군의 극단적인 행동 중 하나가 삶을 포기해 버리는 자살이다. 삶의 의미를 제공하는 감성 에너지가 마이너스를 가리킬 때 사람은 스스로 생물학적 전원을 꺼 버리는, 이성으론 이해할 수 없는 자기 파괴적인 행동을 일으킨다. 디지털 스피드의 속도도 1위고 자기 파괴 행동도 1위인 나라에 우리는 살고 있다.

'감성'이란 용어의 느낌이 어떤가? 무언지 포근하고 따뜻한 느낌? 행복감은 우리 감성 시스템에서 주는 반응이다. 그러나 감성 시스템은 긍정적인 감정 반응만큼이나 강력한 자기 파괴적인 속성도 가지고 있다. 고생해서 많은 것을 이루고 충분히 어울려 행복하게 살 수 있는 저 사람이 왜 자기 삶의 시나리오를 이토록 불행하게 적어 나갈까. 자수성가해서 성공을 이루었는데, 이제 즐기며 행복하게 살 수 있는데, 왜 스스로의 성공을 벌하듯 불안과 강박 속에서 살아갈까. 감성 시스템의 자기 파괴 속성 때문이다.

감성 시스템은 삶의 근사함, 그 가치가 느껴지지 않으면 방전되고, 감성 에너지의 소진은 자기 파괴 프로그램을 작동시킨다. 근사하지 못한 삶에 대한 가치 판단을 우리 내부의 감성 시스템에서 하는 듯하다. 본인이 느끼지 못함이 무서운 점이다. 정도의 차이만 있을 뿐 수많은 현대인들이 자기 파괴 프로그램을 작동시키고 있다. 있는 힘을 다해 불안함을 누르고, 억지로 행복하고 긍정적인 생각을 갖고자 노력하지만 이성적 노력은 인위적이기에 오히려 불안 반응을 증가시킨다.

감성 시스템의 부정적 신호인 불안은 생존과 직결되어 있다. 가진 것이 많아도 불안 신호가 통제되지 않으면 감성 시스템은 계속 생존에 급급한 수준이 된다. 생존 불안에 사로잡힌 삶은 외로울 수밖에 없다. 생존에 사로잡힌 감성은 공감 능력이 현저히 떨어지기 때문이다.

공감은 생물학적인 현상이다. 남의 고통이 나의 고통으로 느껴지는 현상이다. 기능성 자기 공명 영상 장치(fMRI)를 활용한 연구 결과를 보면, 실제로 뇌 안의 통증 센터는 타인의 고통을 보고 그것이 마치 내 통증인 양 활성화된다고 한다. 생존 불안에 사로잡힌 사람의 신경 시스템은 타인의 고통에 공감할 여유를 갖지 못한다. 그래서 생존 불안으로 가득한 사회는 차가워질 수밖에 없다. 삶의 감성 충전은 나와 타인의 교류, 나와 내가 속한 사회의 교류 속에서 이루어진다. 차가워진 사회는 따뜻한 감성을 주지 못한다.

소진 증후군의 해결책은 무엇일까? 어떻게 하면 방전돼 버린 나의 감성 배터리를 다시 충전할 수 있을까? 감성에 관한 최신 의학 연구는 소진 증후군을 예방하는 최고의 방법이란 삶의 의미를 깊이 느끼는 것이라 한다. 감성 에너지 충전을 위해서는 내 삶의 소프트웨어, 내 삶의 프레임에 대한 튜닝이 필요하다. 생존과 성취의 프레임을 성숙과 가치의 프레임으로 보완해야 한다. 죽지 않으려고 사는 삶엔 답이 없다. 생존의 불안을 직면하고 죽음을 초월하는 가치 중심적인 삶, 삶의 본질에 대한 열정, 그곳에 감성의 충전과 창조적인 힘, 그리고 삶의 의미가 존재한다.

차례

3 감성의 뇌를 펴라

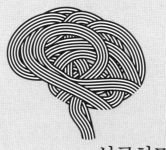

성공하면
행복할까

66 마음이 기억나지 않아요

소진 증후군에 빠진 현대인, 증상 1

내 삶의 의미가 기억나지 않는다

의학적으로 흔한 경우는 아니지만 드라마 「천일의 약속」에 등장하는 치매에 걸린 젊은 여성의 이야기는 보는 이의 가슴을 먹먹하게 한다. 사랑하는 사람의 이름과 얼굴조차 기억하지 못하게 된다는 것은 어떤 느낌일까. 치매는 정신세계가 신체적 기력보다 먼저 소멸된다는 점에서 어찌 보면 암보다 더 걸리고 싶지 않은 병이다. 건망증은 자아 정체성이 사라지는 듯한 불안감을 일으킨다. 그래서일까. 진료를 하다 보면 실제 치매 환자 못지않게 치매에 대한 불안과 두려움 때문에 찾아오는 사람이 많다. 가끔은 20대 청년이 찾아와 치매 걱정을 하니 돌려보내느라 고생한다.

건망증은 과거의 기억이 생각나지 않는 것이다. 기억력에 가장 기본이 되는 힘은 집중력이다. "집중해서 잘해 봐."라는 말 속엔 집중력을 의지로 조정할 수 있다는 전제가 깔려 있다. 그러나 집중력은 이성의 뇌 영역에 존재하지 않는다. 언어적 지시로 통제할 수 없다는 말이다. 집중력의 에너지는 감성의 영역에 존재한다. 일부 치매 환자를 제외하고 우리 현대인이 느끼는 건망증은 거의 대부분 감성이 더 이상 일할 생각이 없음을 선언하는 신호다.

"사람들을 만날 때 어떻게 해야 하는지 도무지 기억이 나지 않습니다."

40대 초반 남성이 치매가 아닌지 걱정된다면서 방문했다. 병보다 무서운 것이 병에 대한 걱정이다. 걱정은 영혼을 불안하게 한다. 초조해하며 초점마저 흔들리는 그의 눈빛에서, 국내 중견 기업에서 잔뼈가 굵은 영업 전문가의 패기와 노련함은 전혀 보이지 않는다. 그는 동기 중 가장 빨리 임원으로 승진했고 담당하는 제품 또한 시장에서 매출 선두를 유지했다. 다음 승진 또한 보장된 상태. 그런데 갑자기 사람을 만나는 기술을 잊어버렸다는 것이다. 비즈니스를 진행할 수가 없다. 두렵고 황당한 일이다. 뇌의 구조적 문제를 살펴보는 기능성 자기 공명 영상 검사와 기억력을 포함한 신경 인지 검사는 모두 정상 소견이었다.

"이전보다 욱하거나 짜증이 많아지지 않으셨어요? 잠은 잘 주무시나요? 잠이 빨리 안 오고, 잠이 들어도 자꾸 깨지 않으세요?"

필자가 연이어 질문하자 고개를 끄덕이며 '어떻게 다 알지.' 하는 표정이다. 감성 에너지가 다 방전된 소진 증후군에 빠진 것이다. 운동을 무리해서 하면 근육과 골격 시스템에 통증이 오듯 우리 신경 시스템도 충전 없이 감성 에너지를 사용하기만 해 방전이 되면 피로 증상이 나타난다.

설명을 듣고는 일단 치매가 아니라니 안심하는 얼굴인데 눈가에 눈물이 맺혀 있다. 그간 불안했던 마음에 지쳐 찾아온 눈물이고 오랜 기간 혹사당한 감성이 누군가의 위로를 받으니 고맙다고 신체적 신호로 표현하고 있는 것이다. 당신 말이 옳다며, 보상도 없이 에너지만 쓰느라 너무 힘들었다며.

일이 잘 안 풀려야 스트레스를 받는다고 생각하기 쉽다. 그러나 남 보기에 잘나가도 뇌에 피로가 누적되면 소진 증후군이 찾아온다. 지친 뇌는 깊이 잠들지 못한다. 잠은 죽음을 상징하기 때문이다. 지치고 피곤한 뇌야말로 숙면이 필요한데 피곤한 뇌는 더 예민해지고 주위 자극에 대해 더 공격적으로 반응한다. 자면 죽을까 봐 있는 힘을 다해 나를 각성시킨다. 마치 전투 현장 한복판에 있는 군인이 뇌처럼 작은 반응에도 예민하게 반응한다. 잠을 조절하는 수면 센터도 집중력 센터처럼 감성의 뇌에 존재한다.

감성의 뇌는 내 안에 있는 또 다른 하나의 인격체다. 처음에는 이성의 요구에 최선을 다해 따라 주고 있는 힘을 다해 에너지를 공급해 주나 계속 희생만을 강요하고 그 노력에 대해 보상해 주지 않으면 무섭게 돌변한다. 집중력도 떨어뜨리고 잠도 못 자게 한다. 사는 게 사는 것이 아니게 된다. 무기력하게 사람을 퍼지게 하고 때로는 피에 굶주린 뱀파이어처럼 자극적 쾌락을 좇게 만든다. 쾌락 중독은 감성 소진을 보상받고자 하는

20

자기 파괴적 반응이다.

　기억력 저하는 지식과 사건에서 끝나지 않는다. 소통과 같은 감성적 기술부터 삶의 가치까지 잊게 한다. 공부한 것, 사람 이름, 과거 여행의 기억 같은 것은 차라리 잊어버려도 그만이다. 감성 언어의 망각과 내가 살아온 인생의 가치마저 생각나지 않는 것이 더 큰 문제다. 열심히 살아온 삶의 사건들이 흑백 영화처럼 건조하게 느껴지고 허무가 찾아온다. 감성 에너지의 소진이 가져오는 감성 기억의 저하가 무서운 이유다. 내가 나를 느끼는 감성적 자아의 정체성을 잃게 하기 때문이다.

편히 쉬라 해도 쉬지 못한다

　최근 들어 성격이 변했다는 이야기를 듣는가? 사람의 성격이라는 것은 잘 변하지 않는다. 뇌는 피로가 쌓이면 더 예민해진다. 건드리면 쏘게 된다. 이럴 때일수록 스위치를 꺼 쉬어야 하는데 오히려 건드리면 터지는 지뢰처럼 공격 상태가 된다.

　"우리 팀장님 승진하더니 이상해지셨어. 짜증만 내고. 전에는 멘토링도 잘해 주셨는데, 자리가 사람을 바꾸네."

　호프집에서 흔히 들리는 팀원들의 뒷얘기다.

이 모두 사람이 변한 것이 아니다. 뇌가 지친 것이다.

'내가 이래선 안 돼. 힘을 내자. 의지를 가지고, 긍정적인 마인드로 이 위기를 돌파할 수 있어.'라 마음먹지만 잘되지 않는다. 감성의 문제가 어려운 이유는 감성의 문제를 이성적으로 해결하려 하면 정글 늪에라도 빠진 것처럼 헤어 나올 수 없기 때문이다. 감성이 이성의 요구에 지쳐 더 이상 못 도와주겠다 파업한 것이 소진 증후군이다. 이것을 계속 이성적 방법으로 해결하려 하면 악순환에 빠지게 된다.

상담을 받으러 오는 사람들이 스트레스에 약하, 의지가 약한 사람들일까? 반대인 경우가 더 많다. 하고 싶은 일보다는 해야 하는 일을 더 충실히 하는 모범생이 대부분이다. 서비스 업종에만 감성 노동이 있는 것이 아니다. 감성의 요구를 누르고 이성이 요구하는 방향으로 따라가는 것이 감성 노동이다. 충전 없는 감성 노동은 감성 에너지를 다 태워 버린다. 배터리가 나갔으니 아무리 최신 기종 스마트폰이라 한들 작동할 리 없다.

뉴런이라는 인간 뇌세포의 수는 1000억 개다. 운동을 한 후 근육통을 느껴 보았을 것이다. 근육통은 근육 세포의 피로에 기인한다. 뉴런 즉 뇌세포도 근육 세포 이상으로 피로를 느낀다. 특히나 생존과 목표 달성을 향해 달려가는 자본주의 시스템에 엉겨 사는 우리 현대인에게 소진 증후군, 즉 스트레스로 인한 뇌 피로 증상은 과거 어느 때보다 심각하다. 더 문제인 것은 근육이 우리 이성의 통제를 받는 반면 뇌, 특히 감성의 뇌는 그렇지 않다는 것이다. 근육 세포는 말을 알아먹는다. 언어를 통한 이성적 통제가 가능하다. 다리 근육에 통증이 느껴지면 '쉬어라' 명령을 하면 되고 우리 근육은 명령대로 움직임을 최소화하고 휴식에 들어간다. 그러나 뇌에 '뇌야 쉬어라' 명령해 보라. 답이 없다. 오히려 머리가 더 복잡해지고 스트레스 가득한 일들이 마구 떠오른다.

스트레스로 괴로워하는 사람에게 주변에서 하는 말 중 가장 듣기 싫은 말이 무어냐 물어보면 "마음 편히 먹으세요."라 한다. 한 대 때려 주고 싶단다. 자기 딴에는 위로라고 한다지만 스트레스로 고생하는 지인에게 마음 편히 먹으라고 함부로 말하면 안 되는 것이 뇌의 메커니즘이다.

피로에 빠진 감성의 뇌

스트레스성 뇌 피로증은 우리 뇌 깊은 곳에 있는 감성 뇌가 피로에 빠진 증상이다. 이때 대표적으로 나타나는 3대 증상을 정리해 보자.

먼저 수면의 질이 나빠진다. 수면 중추가 감성의 뇌에 있기 때문이다. 잠드는 데 시간이 오래 걸리고, 잠이 들어도 깊이 자지 못하고 자꾸 깨게 된다. 그러다 보니 자고 일어나도 개운하지가 않다. 잠은 인간 휴식, 뇌 휴식의 근간인데 이 수면 구조가 엉망이 된다.

두 번째는 조기 치매라도 걸린 것처럼 건망증이 심해진다. 조기 치매 환자가 나오는 드라마 「천일의 약속」이 방영될 때 치매 염려에 병원을 찾는 젊은(여기서 젊다는 것은 환갑 전을 이야기한다.) 직장인들이 많았다. 100퍼센트 뇌 피로 증상이었다. 치매는 실제 뇌세포가 퇴행해 죽는 병이다. 그런데 뇌에 피로가 오면 뇌세포가 죽지 않아도 기능이 떨어져 건망증이 오게 된다. 기억력에 가장 중요한 집중력 센터도 감성의 뇌에 존재하기 때문에 여기에 피로가 쌓이면 건망증이 온다.

세 번째는 성격이 변한 것처럼 짜증이 는다. 표현을 하든 안 하든 직장에서, 가정에서 화가 울컥울컥 치민다. 스스로도, 주변에서도 성격이 나빠졌다고 생각한다. 사실은 성격이 나빠진 것이 아니라 감성의 뇌에 피로가 쌓인 것이다. 주변 자극에 대해 예민도가 증가하니 작은 일에도 강한 반응이 나타난다. 상사에게 뇌 피로증이 오면 부하 직원들은 회의 때마다 죽어난다. 이전에는 그냥 넘어가던 일들이 쓴소리, 독한 소리 없이는 넘어가지 않게 된다. 문제는 한바탕 화를 낸 상사는 곧 왜 그랬을까 자책감에 빠져 심리적 이중고를 겪고 부하 직원들은 야단을 맞느라, 또 상사가 마음 풀라며 만든 회식 자리에서 억지로 웃느라 이중으로 뇌에 피로가 쌓여 전염병처럼 스트레스성 뇌 피로증에 감염된다는 것이다.

개인의 감성 에너지가 소진될수록 사회도 감성 에너지가 소진되어 피로 사회로 변한다. 피로 사회는 다시 구조적으로 개인의 삶의 가치를 소진시킨다. 개인과 사회는 분리될 수 없다. 서로가 존재의 의미, 정체성에 대한 가치를 부여하기 때문이다. 스트레스로 인한 뇌 피로증, 소진 증후군은 감성 스트레스 면역 저하로 인한 개인과 사회의 후천적 가치 결핍증인 셈이다.

“어디론가 멀리 떠나고 싶어요

소진 증후군에 빠진 현대인, 증상 2

건어물녀와 시체놀이의 심리학

요즘 잘나가는 연예인이 필자의 클리닉을 방문했다. 대중에겐 항상 웃음을 주나, 화면 속의 밝은 모습과 달리 내면의 고통이 보였다.

“방송에서 정말 재미있으세요. 어쩐 일로 오셨어요?”

“선생님, 제가 공황 장애인가요? 하루에도 여러 번 숨이 답답하고 불안해져요.”

공황 장애는 가슴이 뛰고 숨이 차며 정신을 잃을 것 같은, 그러다가 곧 죽을 것 같은 수준의 불안이 엄습하는 공황 발작이 반복될 때 내리는 진단이다.

"그 정도는 아니신 것 같은데요. 힘들고 죽을 것 같아 응급실 가신 적 있나요? 주로 어떨 때 그러세요?"

"응급실까지 간 적은 없고, 조그만 걱정이라도 떠오르면 심장이 마구 뛰고 불안해져요. 그리고 전에는 혼자 잘 잤는데 요즘은 갑자기 귀신이 무서워요. 무서워서 혼자 잠을 잘 수가 없어요."

털어놓는 본인도 나이 들어 귀신을 무서워하게 된 것이 이해도 안 되고 한심하다는 표정이다.

안정적인 삶을 위해 돈을 번다. 그러나 돈을 벌어도 뇌에 피로가 쌓이면 지친 감성 뇌는 생존에 더 급급한 상태로 바뀌게 된다. 공황 발작 같은 불안은 생존에 대한 압박, 죽음에 대한 공포를 반영한다. 누가 이 잘나가는 연예인이 먹고사는 문제로 괴로워할 것이라 생각하겠는가. 돈은 눈에 보이는 세상의 두려움은 잠재워 주나 보이지 않는 감성 무의식의 두려움에는 도움이 되지 않는 듯하다.

시청자를 사로잡던 연예 프로그램의 스타가 진료실 책상에 머리를 박고 괴로워한다. 안타까운 일이 아닐 수 없다.

"남에게 즐거움을 주는 일, 감성의 뇌를 주로 쓰는 일을 하시잖아요. 그러다 보니 스트레스성 뇌 피로증이 오신 것 같아요. 뇌는 스트레스를 받아 피곤하면 거기서 도망가고 싶어 해요. 요즘 사람 만나기도 싫고 혼자 있고 싶고 어디로 훌쩍 떠나고 싶지 않으세요?"

"맞아요, 제 직업이 저랑 맞지 않는 것 같다는 생각이 많이 들어요. 사람들이 저를 알아보는 것이 너무 싫거든요. 그래서인가 요즘 컴퓨터 앞에만 앉으면 나도 모르게 인터넷 검색 창에 '이민'이란 단어를 검색해요……."

'다 때려치우고 싶다'는 생각은 스트레스성 뇌 피로증의 2단계 합병증이다. 요즘 전보다 사람들을 만나는 대신 혼자 있고 싶은 시간이 많고, 주말에도 집에 틀어박혀 '시체놀이' 하는 날이 부쩍 늘었는가? 직장이든 사업이든 정리하고 조용한 곳에 내려가 쉬고 싶은가? 심리적 회피 반응이 온 것이다. 사람은 스트레스 원인에서 멀어져 자신을 지키려는 방어 기제를 갖고 있는데 이를 심리적 회피 반응이라 한다. 단기적으로는 도움이 된다. 그러나 장기화될 때는 이야기가 다르다. 왜냐하면 사람에게 행복을 주는 요인과 스트레스를 주는 요인은 동전의 앞뒤 면처럼 하나인 경우가 대부분이기 때문이다. 실연으로 크게 상처받은 여성이 심리적 회피 반응으로 스트레스 요인인 남자를 멀리하는 것은 단기적으로 상처 치유와 마음 안정에 도움이 된다. 그러나 이것이 1년 이상 길어지면 조물주가 만들어 놓은 최고의 쾌감, '이성에게 사랑받는 느낌'을 영원히 느끼지 못하게 된다. 이처럼 장기간의 회피 행동은 행복을 주는 요소와의 결별을 의미한다. 행동하지 않으면 그 행동이 주는 행복을 느낄 수 없다.

언젠가 한 독자로부터 고맙다는 인사와 함께 글이 유익하다는 트위터 쪽지를 받았다. 칭찬은 고래도 춤추게 한다던가. 나의 '주관적 안녕감' 지수가 부쩍 올라갔다. 심리학적으로 보면 글 쓰는 행동에 대해 '긍정적 강화'가 일어난 셈이다. 이 독자는 궁금해하던 질문도 했다.

"요즘 들어 건어물녀처럼 살아요. 주말엔 집에서 시체놀이를 하고요. 밖에 나가 몸을 움직이면 기분이 좋아진다는 걸 알긴 하는데……. 정작 주말이 되면 귀찮아집니다. 저 같은 사람이 의외로 많던데 왜 그럴까요?"

'건어물녀'는 일본 만화 『호타루의 빛』에서 유래한 표현이다. 직장에선 세련되고 능력 있는 여성이지만, 일이 끝나면 데이트 대신 집으로 직행하는 부류다. 집에서는 질끈 묶은 머리에 트레이닝복 차림으로 맥주와 건어물을 즐겨 먹는다고 해서 이런 이름이 붙었다. 시체처럼 가만히 누워 있는 것이 이들의 취미다. 서양에도 비슷한 유형이 있다. 바로 '카우치 포테이토'다. 종일 소파에 앉아 감자 칩을 먹으며 텔레비전만 보는 사람을 일컫는 말인데, 요즘엔 한 단계 진화해 인터넷 쇼핑에만 몰두하는 '마우스 포테이토'가 등장하기도 했다.

스트레스 문제로 힘들어하는 사람에게 주말을 어떻게 보내는지 물어보면 건어물녀, 시체놀이, 카우치 포테이토를 뒤섞어 놓은 생활을 하는 경우가 상당히 많다. 한 인터넷 쇼핑몰의 30대 여성 대표가 이런 경우다.

"멍하니 누워서 텔레비전만 봐요. 사람들과의 만남에 지쳐서 그런가 봐요. 고객에게 지쳤고, 직원들에게도 지쳤고……. 아무도 만나고 싶지 않아요."

심리학적 관점에서 건어물녀, 시체놀이, 카우치 포테이토는 모두 '회피' 행동이다. 대인 관계, 과중한 업무, 속상한 사건이나 감정 등에서 자신을 보호하려는 심리적 방어 전술이란 얘기다. 단기적인 회피 행동은 우울한 기분을 해결하는 데 도움이 된다. 스트레스를 주는 요인으로부터 떨어질 수 있기 때문이다. 하지만 길어지면 얘기가 다르다. 행복 계기판의 눈금, 즉 주관적 안녕감 지수를 바닥으로 떨어뜨려 우리를 더 불행하게 한다. 회피 행동은 그것을 그만두게 할 심리적 요인이 없으면 장기간 고착되기 쉽다.

우울보다 더 위험한 무감동

회피 행동이 길어지면 3단계 합병증이 나타나니 바로 행복에 대한 내성이다. 우리는 행복하기 위해 사는 것 아닌가. 그런 측면에서 스트레스성 뇌 피로증은 현대인에게 암 이상 아찔한 문제다. 구체적으로 이야기하면 일에 대한 열정이 사라지고 일의 의미가 더 이상 느껴지지 않는다. 거기다 다른 사람과의 감정에 공감하는 능력마저 떨어진다. 이전에 즐거웠던, 행복했던 일들이 더 이상 행복하지 않은 것이다.

미래학자 앨빈 토플러는 40년 전 이미 현대인이 겪을 '미래 충격'을 예견했다. 미래 충격은 현대인이 급격한 사회 변화에 대처하는 상황에서 발생하는 육체적, 정신적 고통을 말한다. 사람의 몸이 과잉 자극을 받으면 파탄을 일으키는 것처럼 사람의 마음도 정도 이상의 부담이 가해지면 망가지는 것이다. 미래 충격은 현대인에게 추상적이고 개념적인 현상이 아니라 심리적이고 신경생물학적인 실제 현상이다.

무감동은 미래 충격의 극심한 증상이다. 우울증이라 하면 말 그대로 우울한 감정이 심각한 것이다. 그래도 우울한 감정은 느낀다는 것은 내 감성 시스템이 과도하게 작동하기는 하나 살아 있다는 것이다. 세상이 다 회색빛으로 느껴지는, 모든 것이 밋밋하게 느껴지는 무감동이 더 심각한 증상이다. 감성 시스템이 아예 정지해 버린 것이다.

무감동은 소진 증후군의 심리적 회피 반응이 지속될 때 일어나는 악성 증상이다. 세상이 느껴지지 않는다. 세상의 정보와 자극으로부터 자신을 지키기 위해 감성 예민도를 0으로 떨어뜨린다. 그러나 통증의 역치는 쉽게 떨어지지 않는다. 고독과 좌절은 느껴지는데 따뜻한 위로와 작은 행복을 느낄 수 없게 된다. 외부 세계와 더 강하게 단절된 마음의 내부 세계는 음

산한 세기말 애니메이션처럼 스산해진다. 마음의 깊은 동굴로 숨어 버리는 것이다.

소진 증후군은 단순히 개인의 심리적 문제가 아니라 사회 전체의 문제다. 의사의 예만 봐도 그렇다. 의학계 최고 권위지인 미국의학협회 저널은 소진 증후군으로 고생하는 의사의 비율이 60퍼센트에 이른다고 경고한다. 의사에게 공감 능력은 단순한 서비스 차원의 문제가 아니라 치료 효과에 직접적인 영향을 미치는 것으로 알려져 있다. 공감 능력이 뛰어난 외과 의사에게 진료를 받으면 수술 후 회복 기간이 단축된다는 연구 결과까지 있으니 말이다. 그런데 많은 의사들이 소진 증후군에 빠져 있고 공감 능력이 결여되어 있으니 이성적으로 잘 진단하고 약을 제대로 처방해도 치료 효과에 반감이 생긴다. 명의란 뛰어난 감성 공감 능력으로 플라세보 효과를 최대치로 끌어올릴 수 있는 의사가 아닐까. 같은 약으로 더 많은 효과를 낼 수 있으니 말이다. 의료계만의 문제는 아닐 것이다. 공감 능력이 저하된 소진 조직과 소진 사회는 경쟁력과 가치를 잃어 갈 수밖에 없다.

무한 경쟁 시대에 명확한 경쟁력이 무엇인가. 용기와 인내에 기반을 둔 창조성일 것이다. 이 긍정적 가치들은 이성에서 만드는 것이 아니다. 감성 시스템에서 나오는 것이다. 감성의 소진은 이성의 경쟁력마저 약화시킨다. 감성의 충전 없는 열심은 소진 증후군이란 위험을 부메랑처럼 돌려준다.

사람의 행복감을 반영하는 주관적 안녕감 지수가 장수나 성공에 직접적 영향을 미친다는 게 최근의 연구 결과다. 성공한 사람이 행복해지는 것이 아니라, 행복한 사람이 성공하고 장수한다는 뜻이다.

주관적 안녕감에 영향을 주는 요소에는 유전, 환경, 행동 요인이 있다. 유전적 요인이 50퍼센트, 환경적 요인이 10퍼센트 정도를 차지한다. 나머지 40퍼센트는 행동 요인이 결정한다. 즉 우리가 하기 나름이다. 좋은 집에 살고 비싼 차를 타는 등의 환경적 요인이 행복감에서 차지하는 비중이 겨우 10퍼센트밖에 안 된다는 얘기다. 그나마 환경적 요인엔 내성이 생기기도 쉽다니 기가 막히는 노릇이다. 유전적 요인은 우리가 어찌할 수 없는 부분이다. 결국 행복해지려면 40퍼센트의 행동 요인, 즉 '잘 노는 것'에서 승부를 봐야 한다.

건어물녀와 카우치 포테이토에게 주말에 친구도 만나고,

운동 같은 취미 활동도 해 보라고 권하면 대부분 마음이 내키지 않는다고 답한다. 할 마음이 생겨야 행동이 따르는 것은 사실이다. 하지만 거꾸로 행동이 마음을 바꿔 놓기도 한다. 이를 '행동 강화'라고 한다. 우울증 환자에게 주로 쓰던 치료법인데, 최근엔 일반인의 행복감을 높이는 데에도 사용된다. 스트레스를 안고 사는 현대인에게 회피 행동이 점점 일반화되고 있어서다.

오늘 잘 놀아야 내일 다시 잘 놀 수 있다는 게 최근 의학 연구의 결과다.

"친구가 죽으면 오전엔 장례식장에서 진심으로 애도하고, 오후엔 다른 친구를 만나 크게 떠들며 즐긴다."

일흔 살이 넘은 여성이 들려준 이 얘기에 답이 있다. 사람들과 함께 섞이고, 떠들고, 노는 것을 두려워하지 말자. 고통은 행복의 단면일 뿐이다. 고통이 두렵다고 행복을 떠나 숨어 사는 것만큼 어리석은 일도 없다.

" 배가 부른데도
계속 먹게 돼요

소진 증후군의 합병증, 복부 비만

갈수록 늘어나는 뱃살

소진 증후군은 심리적 문제에서 끝나지 않는다. 소진 증후군의 첫 번째 합병증이 복부 비만이다. 마음도 서글픈데 몸매도 망가지고 건강까지 해치게 되니 분노가 더 쌓인다. 세상도 싫고 내 몸도 싫어진다.

비만이 전염병처럼 늘고 있다. 먹을 것이 풍족해진 환경을 이유로 말하는 사람도 있으나, 안 먹으면 그만 아닌가. 신체적 허기가 해결되는 것만으로는 채워지지 않는 심리적 허기가 현대 비만의 바이러스다. 애주가라면 이런 경험이 있으리라. 회식 1차에 삼겹살에 소주 한잔 기울이고 남은 동료들과 2차에 통닭과 맥주로 배가 빵빵해진 귀갓길, 불현듯 찾아오는 외로움과 삶의 무게에 홀로 포차에 앉아 우동 한 그릇으로 마음의 허기를 채운 기억 말이다. 여기에 신체적 허기는 없다. 심리적 허기만이 있을 뿐이다.

열심히 살아온 연륜의 나이테이기라도 한 듯 늘어나는 뱃살, 빼기가 쉽지 않다. 왜 식욕 조절은 그토록 어려운가? 그것은 식욕 조절을 감성의 뇌가 담당하고 있기 때문이요, 우리가 느끼는 허기의 최소 4분의 1, 때로는 절반 이상이 심리적 허기 즉 정서적 허기이기 때문이다. 마음이 고파서 먹는다는 이야기다.

배가 고파서 먹는 걸로는 살이 찔 이유가 없다. 몸은 에너지를 필요한 만큼만 원하기 때문이다. 플러스 알파는 정서적 허기다. 정서적 허기로 섭취한 에너지는 과잉이기에 고스란히 우리 배와 허벅지의 지방 저장 창고에 차곡차곡 쌓이게 된다.

마음이 고파서 먹는다

식욕 조절 중추는 감성 시스템 안에 존재한다. 조물주가 왜 이렇게 만들어 놓았는지는 알 길이 없으나 신체적 허기가 채워지면 스위치가 켜지는 포만감 시스템의 작동만으로는 먹는 행동이 멈추지 않는다. 뇌의 즐거움을 담당하는 보상 시스템이 같이 작동해야 멈춘다. 배는 부르나 마음이 허전하면 그만큼 폭식을 하게 된다. 일시적으로 만족감이 들지만 곧 후회가 되고 본질적인 심리적 허기를 채울 수 없기에 반복을 통한 내성이 심각해진다. 점점 더 많이 먹어야 마음이 허기를 채울 수 있는 것이다. 성인병의 최대 적인 복부 비만은 보상받지 못한 슬픔이 낳은 합병증인 셈이다.

다음은 신체적 허기와 정서적 허기를 비교한 표다. 신체적 허기는 에너지를 소비함에 따라 조금씩 신호를 더해 간다. 실지로 배고픔의 소리가 배에서 들린다. 시간적으로도 실제 에너지가 필요한 시점이 되었을 때 나타난다. 음식을 섭취하면 배고픔이 사라지고 포만감이 느껴진다. 그런데 정서적 허기는 시간에 관계없이 나타나기 일쑤다. 30분 전 가족들과 파스타를 잔뜩 먹고 들어왔는데 텔레비전 맛집 소개 프로그램에서 시골

신체적 허기	정서적 허기
조금씩 더해진다.	갑자기 심해진다.
목 아래에서 나타난다.(배에서 꼬르륵)	목 위에서 나타난다.('아이스크림 먹고 싶다.')
식사 후 몇 시간이 지나서 나타난다.	시간에 관계없이 나타난다.
배가 부르면 사라진다.	배가 부른데도 계속된다.
먹고 나면 만족감을 느낀다.	먹고 나면 후회하며 자책감을 느낀다.

향내 나는 구수한 된장과 고추장 비빔밥을 보여 주면 머리에서 꼬르륵 소리가 난다. 배를 만져 보면 터질 것 같은데 말이다. '이러면 안 돼.' 하면서도 보온밥통의 밥에 열무김치와 고추장, 참기름을 비벼 한 사발을 다 먹게 된다. 그리고 끝도 없는 자괴감에 빠진다. 난 이것 하나 조절 못 하는 놈이라며.

그러나 자책하지 말라! 신경생물학의 관점에서 보면 조절 못 하는 것이 당연하다. 감성 뇌의 강렬한 욕구는 수십 년 금욕 생활을 하며 도를 닦은 사람이라도 이기기 쉽지 않은 유혹이기 때문이다. 우리 같은 범인들은 지는 것이 당연하고 자연스러운 일이다. 앞에서 이야기한 것처럼 식욕 중추는 감성의 뇌, 즉 대뇌변연계의 컨트롤 타워에 해당하는 시상 하부에 있다.

위가 비면 우리 몸속에서는 그렐린이라는 호르몬이 나와 배고픔을 느끼게 하고 먹는 행동을 유발한다. 배가 부르면 지방 세포에서 렙틴이라는 호르몬이 나와 시상 하부 즉 식욕 중추에 작용해 먹는 행동을 멈추게끔 한다. 쥐 실험에서 시상 하부를 파괴해 렙틴의 효과를 인위적으로 없애면 끝도 없이 먹는 슈퍼 비만 쥐가 만들어진다.

식욕 조절 시스템은 다른 두 시스템과 연동되어 작동하는데 하나는 포만감 시스템이고 하나는 감성 보상 시스템이다. 즉 먹는 행동을 멈추기 위해서는 배가 부르다 하는 포만감(신체적 허기에 대한 만족감)도 중요하지만 동시에 내 삶이 행복하다는 뇌의 감성 보상 시스템이 충분히 활성화되어야 한다. 포만감이 느껴져도 밥을 더 먹어야만 허기를 채울 수 있을 것 같은 느낌이 바로 심리적 허기다.

현대인은 과도한 스트레스로 인해 음식 섭취를 통한 행복감에 내성이 생겨 있다. 그래서 배는 부르나 마음은 허전하다. 그만큼 더 먹게 되고 살이 찌고 그래서 또 스트레스를 받아 더 먹게 되는 악순환이 반복되며 몸과 마음이 점점 더 지친다.

배가 터지도록 먹어 포만감 센서가 신호를 가득 보내도 음식을 먹은 후 돌아온 현실의 삶이 근사하지 못하고 슬프면 보상 시스템은 아직 배고프다며 부족함 신호를 마구 보내고 꽉 찬 위에 더 먹으라고 지시를 내린다. 현실의 불만족은 슬픔을 만들고 슬픔은 심리적 허기라는 신호를 일으킨다. 일시적 만족 감은 곧 내성이 생기고 같은 진통 효과를 위해 음식이 더 많이 필요하게 된다. 내 배에 가득 찬 지방 세포는 슬픔의 덩어리인 셈이다.

비만과 불면은 뇌의 슬픈 신호

"일주일 내내 거의 잠을 못 잤어요."

여성 연예인이 수면제를 먹어도 잠이 안 온다며 고민을 토로했다. 20대 초반의 젊은 나이에 뭇사람에게서 사랑을 받다가, 썰물처럼 인기가 빠지면서 악플이 그 자리를 대신하는 경험은 견디기 쉬운 스트레스는 아닐 것이다.

스트레스는 어떻게 해소하느냐고 물었더니 사람들과 잘 어울리지 못한다고 했다. 방송에서 보이는 사교적인 이미지와는 다른 존재의 고독이 느껴졌다.

"담배는 피우세요? 초콜릿같이 달콤한 것 좋아하세요?"

"제가 단것 좋아하는 걸 어떻게 아셨어요? 집에도 차에도 초콜릿이랑 사탕이랑 쌓아 놓고 그것만 먹어요. 담배는 하루에 세 갑 피우고요."

비만과 불면은 슬픈 뇌의 중독 증상이다. 그녀는 스트레스로 인한 정서적 공허를 니코틴과 당분이라는 합법적 마약으로 위로하고 있었다. 그러나 그 마약들은 일시적인 미봉책일 뿐, 중독환자가 느끼는 금단 증상처럼 그녀의 불면은 깊어만 갔던 것이다. 그녀가 외로움이라는 중독에서 벗어나고 수면제 없이 잠드는 데는 이후 3년이란 시간이 필요했다.

잠은 이성적 노력으로 오지 않는다. 뇌가 주변 상황을 평화 상태로 인식하고 감성적으로 편안해야 잠이 오도록 설정되어 있다. 현대인의 평균 수면 시간이 주는 것은 어찌 보면 우리가 조물주가 만든 목적 이상으로 성취에 욕심내고 몸과 마음을 혹사하고 있다는 방증이 아닐까. 뇌가 항상 전시(戰時) 상태로 쉬지 못해 피로한 상황이고, 이 피로감이 감성의 뇌에 위험 신호를 보내 더 각성하게 만드는 악순환이 반복되는 것이다.

요즘 정부나 기업체로부터 스트레스 관리에 대해 강의해 달라는 요청을 종종 받는다. 하지만 세이브를 챙기러 들어가는 구원 투수 같은 마음으로 갔다가 시간이 지날수록 병 주고 약 주는 사람이 되는 듯해 마음이 불편하다.

더욱이 스트레스 관리라는 것이 말만 쉽지 실제적인 도움을 주기는 만만치 않다. "정신과 의사는 스트레스 분야를 제일 잘 아는 전문가일 것 같은데, 실제로는 관심도 없고 지식도 매우 한정적이다."라는 신경정신의학회 저널의 한 구절이 떠오른다. 스트레스가 만병의 근원인 것은 수많은 연구에서 밝혀지고 있으나 막상 스트레스에 어떻게 대처해야 하는지에 대해서는 마음 편히 먹으라는 식의 피상적인 조언만 난무하는 것이 현실이다.

'공격이 최선의 방어'라는 금언처럼 우리 뇌에 행복감을 주어 적극적으로 스트레스를 관리해야 한다. 무엇이 우리 뇌에 쾌감을 주는가. 앞의 여배우처럼 술, 담배, 초콜릿 같은 자극적이고 달콤한 것들이 쾌감을 줄 수 있다. 하지만 일시적일 뿐, 결국 내성을 만들어 불면과 같은 스트레스 관련 증상을 더욱 악화시킬 수 있다.

땅에서 난 것만 주워 먹다가 비행 기능을 잃어 멸종한 도도새가 생각나는 것은 왜일까. 우리는 더 성공하고 더 벌기 위해 정말 소중한 것들을 잊고 열심히 달려가고만 있는 것은 아닐까. 조물주가 이미 심어 놓은 행복 소프트웨어가 성취 이데올로기에 짓눌려 퇴화하고 있는 것은 아닌지. 스트레스 관리는 한마디로 어떻게 살 것인가의 문제다.

" 멜로드라마를 보면
눈물이 흘러나와요

치열한 경쟁 시스템이 낳은 고독과 불안

경쟁과 성공에서 '나'를 찾으려는 사람들

이야기는 삶의 은유다. 아무리 사실적인 영화도 실은 은유적 상징이 압축된 것이다. 이 압축성이 영화나 드라마를 감상하는 우리의 인지 기능과 감성 몰입도를 최고조로 올려놓는다. 1시간 30분에 일평생 삶을 스캔할 수 있다. 잘 만든 영화를 보면 주인공과 나를 동일시하고 그 캐릭터가 보이는 삶의 갈등과 감정에 초 단위로 강렬한 반응을 보이게 된다. 영화관에서 제일 왼쪽에 앉아 오른쪽으로 고개를 돌려 보라. 시간에 따라 변하는 주인공의 감성과 완벽하게 조응하는 관객들의 얼굴을 볼 수 있을 것이다. 영화는 삶과 꿈의 경계선상에 존재하는 현실과 환상의 융합체다. 현실의 상실과 상처를 채워 주는 힐링이 거기에 있다. 인간은 실체적 진실에 집착하지만 사실 행복이란 솜사탕처럼 몽실몽실한 환상에 숨어 있기 때문이다.

"제가 액션물만 보고 사극만 보던 사람인데, 요즘 아내가 보는 멜로드라마를 옆에서 곁눈질로 보다 눈물이 계속 나서 당황했어요. 이기 병 이닌기요? 나이 들면 남자가 여성화된다는데 제 몸에 여성 호르몬이 많아져서 그런 건가요?"

수컷 냄새가 물씬 풍기는 중년 남성들이 갑작스러운 눈물 반응에 당황하며 찾아오는데 그 숫자가 적지 않다. 자신의 성 정체성이 흔들린다는 느낌에 대부분 불안해한다. 여기에 이전보다 성적 기능이 떨어지는 경험까지 하게 되면 그 불안은 생존을 위협하는 수준에까지 이르게 된다. '나는 살아 있는가, 혹 나는 죽어 가고 있는 것 아닌가' 하는 불안이다.

"난 당신이 목숨을 거는 것이 이상하오."

하정우의 말에 한석규가 쓸쓸한 웃음을 지으며 대답한다.

"일이니깐."

영화 「베를린」의 한 장면이다. 북한 요원 표종성(하정우 분)은 정치적 모함에 모든 것을 잃고 통역관인 아내 련정희(전지현 분)마저 정적들에게 납치된 상황이다. 복수와 사랑하는 아내의 구출이라는, 목숨을 걸 만한 동기가 영화 안에 충분히 녹아 있다. 그에 비해 남한의 국정원 요원 정진수(한석규 분)는 출세를 위한 승부욕도 없고 그렇다고 엄청난 애국심의 소유자도 아니다. 하지만 목숨을 걸고 구출 작전을 돕는다.

"그냥 하던 일이니깐 목숨을 건다."란 대사가 우리가 속한 조직과 사회의 고독으로 느껴졌다. 자유를 얻기 위해 인류는 끝없이 투쟁해 왔다. 그래서 얻은 것이 지금의 자유 민주주의다. 자유에 대한 인간의 욕망은 역사를 통해 입증된바 타협할 수 없는 가치다. 여기에 자유 경쟁 자본주의 시스템은 누구든 열심히만 하면 원하는 바를 얻을 수 있다는 희망을 주었고 목표를 향해 끝없이 달려가도록 스스로를 채찍질하게 했다.

그러나 아직까지 완벽한 사회는 존재하지 않는 듯하다. 진화를 거듭해 일구어 낸 현재의 운영 시스템도 심리적 합병증을 일으키고 있으니 바로 '나는 누구인가'에 대한 정체성의 문제와 그로 인한 외로움이다. 중년 남성들의 눈물은 자유 경쟁 자본주의 시스템이 주는 고독이 아닌가 싶다. 마음이 외로우니 따뜻한 멜로드라마의 감성적 터치에 한없이 눈물이 흘러내리는 것이다.

자유의 친구는 고독함이다. 자유란 나의 가치, 나의 정체성을 스스로의 노력으로 만들어 가야 하는 책임을 함께 주기 때문이다. 정신의학에서 치료도 어렵고 자신과 주변에 끝없이 괴로움을 주는 질환이 있으니 '경계성 인격 장애'라는 어려운 이름의 성격 문제다. 이 질환의 핵심 정신 병리가 지시 정체성의 흔들림이다. '내가 누구인지를 모르는 고통'은 내 존재감의 상실이라는 불안을 가져온다. 그런데 자신이 누구인가 하는 느낌은 혼자서 얻는 것이 아니라 타인과의 관계 속에서 얻어진다. 경계성 인격 장애 환자들이 보이는 병적인 자해 성향과 타인에 대한 분노는 바로 '나'를 느끼기 위한 처절한 노력이고 절규다.

현대인은 자아 과민의 상태다. 나를 찾기 위한 노력에 엄청난 에너지를 쏟고 있다. 나에게 집중해 살고 있는 것이다. 그러다 보니 오히려 주변을 돌아볼 여유가 없다. 경쟁 우위를 가지려고 하는 것, 딜라지고 싶은 욕구가 생기는 것은 다른 사람에게 따뜻한 관심을 얻고자 함이다. 그 관심의 상호 작용 속에서 나의 정체성이 따뜻하게 차오르기 때문이다. 그러나 그 달라짐에 대한 욕구가 지나친 나머지 사람에게 지쳐 가고 있다.

"아무도 만나고 싶지 않아요."

정도의 차이만 있을 뿐 우리 모두의 마음이다.

성공해도 불안하고 많이 가져도 공허하다

언론 매체를 통해 자본주의 시스템의 최고 자리에까지 오른 사람들이 법정에 서는 모습을 우리는 끊임없이 본다. 느낌이 어떤가? 윤리 의식 없고 반사회적 인격을 가진 사람들이 탐욕스럽게 부와 권력을 축적한 결과로 생각되는가?

이런 현상을 개인의 반사회적, 비윤리적 성향으로만 해석하기에는 무리가 있다. 고생해서 얻은 성공의 열매를 잘 누리면서 행복하게 살면 좋으련만 얘기를 나눠 보면 자기 삶을 질적으로 최하 수준으로 떨어뜨리는 어떤 힘을 발견하게 된다. 그 힘은 외부에서 압박하는 형태로 보이지만 사실은 개인의 신경 조직 안 감성 시스템에서 시작된다. 자기 파괴 프로그램이 작동하는 것이다. 아이러니다. 자본주의 경쟁 체제 안에서 최

속물 사회의 불안정한 자아 정체감

▼

정체성 유지를 위한 과도한 감성 에너지 투입

▼

삶의 가치를 잃어버리는 소진 증후군

▼

불안과 허무, 자기 파괴 프로그램 작동

고 수준의 성공을 거둔 이의 감성 시스템에서 작동하는 자기 파괴 프로그램을 어떻게 설명할 것인가?

위 두 표는 성공이 감성 시스템이 자기 파괴 프로그램을 자동시키는 심리적 기제를 설명한 것이다. 우리가 사는 사회는 속물 사회다. 우리는 속물 가치관 하에 있다. 속물적이라 하면 나쁜 이미지가 있으나 그렇게만 볼 것은 아니다. 필자가 생각하는 속물의 정의는 '자신의 실제적 가치와 자신이 취한 사회 경제적 가치를 동일시하는 것'이다.

열심히 노력해서 더 높은 지위를 얻고 더 많이 소유하는 것을 나쁘다고 할 수는 없다. 이것을 나쁘다고 하면 현재 우리가 속한 사회 시스템의 기본 알고리즘을 부정하는 것이다. 우리는 현재 이 시스템 안에 살고 있고 이 시스템의 한계에 따른 힙병증도 겪고 있다. 치솟는 자살률 또한 자기 파괴 프로그램 작동에 기인한 우리 사회 시스템의 극단적 합병증이다.

신분 제도가 확고한 봉건주의 시대의 사람들은 지금에 비해 자아 정체성이 거의 변하지 않았다. 당시 계급이나 계층 이동은 쉽지 않은 일, 왕족은 왕족이고 농부는 농부였으며 귀족은 귀족이고 성직자는 성직자였다. 왕이 아닌 농부로 태어난 것이 속상하고 신분을 바꿀 수 있는 기회와 자유가 없음이 열받는 일이긴 했으나 한편으로 자기 정체성을 확립하기 위해 미친 듯이 노력할 일도 없었다. 반면 현대 사회는 열심히 사는 만큼 내가 내 정체성을 일구어 나갈 수 있는 기회와 자유가 법률적으로 보장된 사회다. 개천에서 용이 날 수 있는 것이다. 대학을 중퇴하고 만든 컴퓨터를 기회로 삼아 세계 최고의 글로벌 기업을 키울 수 있는 사회다.

그러나 너무 힘이 들고 지친다. '지속 가능한 경영'이란 말 속에는 성공이 지속되지 못하리라는 불안이 내재해 있다. 속물 가치관 하에서 만들어진 나의 그럴듯한 정체성이 어느 순간 날아가 버릴지 모르는 것이다. 자살은 자신의 정신적 정체성이 흐려지고 결국 제로 상태가 되었을 때 자신의 생물학적 기능을 정지시키는 행동이다. 자살이 늘고 있다는 것은 과거보다 먹고 살기는 풍족해졌어도 개개인이 느끼는 생존에 대한 불안은 더 커졌음을 의미한다. 내 정체성의 안정감을 위해 더 열심히, 더 빠르게, 더 많이 노력했으나 마음속 생존 불안은 줄어들 기미가 보이지 않는다.

생존 불안이 뭔지 잘 감이 오지 않는다면 죽음을 상상해 보면 된다. 종교가 있고 내세를 믿더라도 가 보지 않은 사후 세계를 한 치 의심 없이 완벽하게 믿기란 쉽지 않은 일이다. 죽음에 대한 공포가 큰 사람들이 더 종교를 찾는지도 모른다. '나는 죽는 것이 정말 두렵지 않아.'라고 생각하는 것은 생존 불안에 대응하는 좋은 전략일 수 있으나 정말로 죽음에 대한 공포가 없는 사람은 있을 수 없다. 생존 불안의 저변에는 죽음에 대한 공포가 있고 그 공포는 생물학적 기능 안에 담긴 내 정체성의 죽음에 대한 공포다. 현대 사회가 주는 자유 안에 같이 존재하는 추락에 대한 두려움은 불안정한 정체성에 대한 공포와 생존 불안을 키운다.

불안정한 정체성을 유지하기 위해 감성 에너지를 과도하게 투입하면 결국 감성 배터리가 방전된 소신 증후군 상태에 빠진다. 소진된 감성 시스템은 생존 불안을 더 크게 느끼고 그나마 남은 감성 에너지마저 순식간에 고갈시켜 버린다.

다 타 버린 감성 시스템의 느낌이 텅 빈 공허함이다. 공허감은 삶의 의미, 내 정체성의 근사함을 없애고 '왜 더 살아야 하는가'라는 메시지를 주며 자아를 향해 공격 스위치를 켠다. 자기 파괴 프로그램이 작동되는 것이다. 삶의 의미가 없어지니 내 소유물인 감성이 숙주인 나를 파괴하기 시작한다.

돈, 명예 등 이미 많은 것을 가진 정치 권력자들이 말도 안되는 비리에 연루되어 정치 생명은 물론 신체적 자유까지 박탈당하는 것은 감성의 자기 파괴 프로그램 때문이다. 불안정한 자기 정체성은 생존 불안을 극대화하고 생존에 급급한 사람은 공감 능력이 현저히 떨어진다. 공감은 내 감성 에너지가 안에서 밖으로 향하는 현상이다. 생존 불안은 감성 에너지를 나에게만 집중하게 만든다. 자기 집중과 공감 능력 결여는 사이코패스라고도 부르는 반사회적 인격 장애의 기본적 특징이다. 자기 파괴 프로그램이 작동하기 시작한 감성 시스템은 일시적으로 이성의 자기 통제 기능을 상당히 떨어뜨린다. 죽느냐 사느냐 하는 처절한 상황에서 규범과 윤리의 중요성이 감성적으로 현저히 낮아지는 것이다.

문제는 지금 우리가 사는 사회는 실제로 죽느냐 사느냐 하는 사생결단의 사회가 아니라는 점이다. 적어도 생물학적 생존의 안전망은 과거보다 튼튼해졌다. 보릿고개란 말이 이젠 흔한 말이 아니다. 더욱이 성취 사회에서 성공한 사람들의 생존 불안은 이성적인 분석으로는 이해가 어렵다. '배부른 소리 한다'는 반응밖에 나오지 않는다. 실은 배는 부른데 마음이 허해진 것이다. 감성이 소진되어 버린 것이다.

정체성의 문제는 개인의 문제만이 아니다. 조직의 문제이기도 하다. 국내 최고 기업 CEO가 얘기한 진심 어린 걱정이 생각난다.

"세계 최고 수준의 기업 정체성을 지키기 위해 정말 열심히 노력했고 이루었는데 지금의 조직 분위기를 보면 너무나 딱딱해졌고 지쳐 있습니다. 어떻게 해야 할지 모르겠네요……. 나이 든 선배들은 이제껏 희생하고 노력한 데 대해 배신과 분노를 느끼고 40~50대는 허무하고 불안합니다. 가장 젊고 활발해야 할 20~30대는 무기력감을 느끼고 힘들어 합니다. 무엇이 문제인가요?"

세상에서 바라보는 나를 만드는 데 모든 에너지를 소진한 나머지 나의 존재 이유인 타인과의 따뜻한 감성을 공유할 에너지가 바닥나 버린 것이 우리의 모습이고 우리가 속한 조직의 슬픔이다.

우리에게 필요한 것은 감성 시스템이 자기 파괴 프로그램을 작동하지 않도록 하는 위기관리 능력이다. 감성적 보상이 없는 성공을 향한 질주는 감성을 소진시켜 불안을 낳고 삶에 대한 만족감을 현저히 떨어뜨린다. 많이 가져도, 생존에 문제가 전혀 없어도 불안감에 전전하는 삶을 살게 한다.

삶에는 두 가지 행동 전략이 있다. 불안해서 이 일을 하느냐, 아니면 가치가 있어서 이 일을 하느냐이다. "이번에 성적 올랐다고 방심하면 안 돼. 열심히 해서 더 성적 올려야 한다. 후퇴는 곧 죽음이야."와 같은 불안 유발 교육을 넘치게 받은 우리 뇌는 스스로를 괴롭혀 지칠 대로 지쳐 있다. 학교와 사회에서 배우지 않은 새로운 삶의 전략이 요구된다.

❝ 남편도 아들딸도
잘되었는데
제게 남은 건 뭘까요

모성 에너지의 양면

모성애에 가려진 '나'의 정체성

"친구 소개로 왔어요."

30대 초반의 여성, 근심이 있는지 얼굴이 어둡다. 자신의 문제를 다른 사람에게 이야기하는 것이 쉬운 일이 아니다. 그럼에도 고통과 갈등이 크기에 이 자리에 오는 것이리라.

"결혼하고 크게 스트레스 받은 일이 있는데 바꿀 수 없는 부분이라 생각하니 우울하고 힘들어요. 잠도 안 오고요."

바꿀 수 없는 부분이라, 시어머니? 아니면 남편? 고부 갈등은 본질적인 해결은 어렵지만 갈등이 크더라도 남편이 아내를 잘 위로해 주면 그럭저럭 결혼 생활을 유지할 수 있다. 그러나 남편과의 갈등은 모 아니면 도인 경우가 많다. 삼각관계가 아닌 양자 관계의 특징이다. 지금 받는 스트레스의 강도보다 앞으로도 문제가 해결되지 않으리라는 좌절이 사람을 더 지치게 한다.

"남편과 너무 안 맞아요. 제가 많이 노력했는데 변하지 않아요. 권위적이고 자기 중심적이에요. 제가 보수적인 집안에서 자라서…… 결혼 전엔 사람이 안정적이고 바람 안 피울 것 같은 점이 좋아 결혼했는데, 너무 힘드네요."

사회적 통념에 근거한 결정이 감성적으로는 마이너스인 경우가 허다하다. 행복 추구가 아닌 불안과 위험의 관리에 더 치중한 결정이기 때문이다. 우리는 끊임없이 결정을 내리며 살아간다. 결정의 종류는 딱 두 가지다. 불안을 없애는 결정을 하느냐, 아니면 위험을 감수하고 더 큰 행복을 추구하느냐. 같은 이야기 아닌가 생각이 들겠지만 그렇지 않다. 불안을 없애는 것이 곧 행복은 아니기 때문이다. 불안을 없애는 것은 편안해지는 것이다. 무(無)의 상태일 뿐 삶의 기쁨과 흥분을 주지는 못한다. 안정적인 남자와 사는 것과 사랑하는 남녀로 사는 것은 다른 차원의 문제다.

"남편에게서는 아무런 행복도 느낄 수 없어요. 지금 제가 하는 일이 주는 만족감이 더 커요. 그런데 남편이 회사 일로 장기간 해외에 나가게 됐어요. 회사를 그만두고 같이 나가기를 바라는데 회사에서 휴직이 안 돼 미루고 있어요. 이혼도 생각해 봤지만 아이 생각에 접었고 친정 부모님 떠올리면 차마 못하겠어요. 답답합니다."

양자 관계에서 해결점을 찾지 못하는 두 남녀에게 자녀는 새로운 삼각관계를 구성하며 일시적으로 완충 역할을 한다. 모성애를 끌어내는 것이다. 문제는 모성애라는 에너지도 인생의 어느 시점이 되면 고갈이 온다는 점이다.

60대 초반의 여성의 말이 떠오른다.

"삶의 의미가 없습니다. 남 보기에는 남편 직업 멀쩡하고 아들딸 잘되었다 하지만 마음속은 허무하고 아무런 의욕이 없습니다. 살고 싶지 않아요."

남 보기에 멀쩡하다는 것, 긍정적 자아상 유지에 분명 중요한 요소다. 그러나 내면의 만족감이 결여된 상태에서는 그 괴리감 때문에 통증만 더 커진다. 나아가 타인과의 감성 공유, 즉 위로를 받을 수 없다. 마음속 이야기를 터놓고 할 수 없기 때문이다. 외로움이 더 깊어진다.

"실은 남편 직업만 번듯하지 보증으로 돈 다 날려서 제가 막느라 고생했어요. 자녀들, 며느리, 요즘 젊은 사람 눈치 보여 어디 속 이야기 할 수나 있나요? 그냥 남일 뿐이죠. 자기들 살기 정신없고요. 뭘 위해 이렇게 살았는지, 왜 더 살아야 하는지……."

모성애는 두 가지 성분, 희생 에너지와 진통제로 구성되어 있다. 모성애에 근거한 여성의 생존 능력은 마법 수준이다. 모성애는 어머니와 아내에게 끝없는 희생을 요구한다. 자기 이름 석 자를 내려놓고 자녀에게 '올 인' 하는 어머니, 이 프레임을 문제 있다 말하기는 쉽지 않다. 그러나 모성애는 본질적으로 생존과 관련된 에너지다. 극한 상황에서 빛을 발하지만 장기적으로는 삶 자체에 피로감을 일으킨다. 특히나 55세를 넘어가면 모성 에너지는 고갈되고 다시 내 이름 석 자, 개성 에너지가 강해진다. 이 변화에 여성들이 당황하고 힘들어 한다.

인생 100세를 바라보는 세상이기에 더 간단하지 않다. 60세 이후의 황혼 이혼이 부쩍 많아져 신혼 이혼을 앞지를 정도라 한다. 한국 사회보다 10년 빠르다는 일본의 경우 다섯 건 중 네 건이 할머니가 할아버지를 차는 경우다. 그래서인가? 스스로 삶을 마감하는 경우가 60대 이후 남성에게서 가장 많다. 남녀 모두가 힘들다. 행복이 인간 삶의 목표라면 모성애의 과도한 에너지와 고갈 현상은 지구온난화 이상으로 걱정되는 일이다.

모성애를 누르고 없애는 것은 대책이 될 수 없다. 문제 중심 해결법은 지친 우리 감성에 더 이상 좋은 전략이 되지 못한다. 기존의 프레임을 탈피하여 균형을 잡을 수 있는 용기가 절대적으로 필요하다. '탈프레임의 용기'가 답이다. 삶의 만족이란 결과물이 아닌 나를 소중하게 여기는 과정에서 충족된다. 사람은 자신의 가치가 강하게 느껴질 때 여유와 아량도 커지고 상대방을 포용하는 힘이 생긴다. 깊이 있는 내면의 감성은 삶의 부드러움을 가져온다.

내가 누구인지는 타인과의 상호 작용에서 느껴진다

"아파트 이웃들이 힝싱 웃고 친절한 저를 보면 행복해 보인

대요. 처녀처럼 날씬하고 자기 관리도 잘한다고 부러워들 하지요. 하지만 빛 좋은 개살구예요. 제가 얼마 전 음독 자살을 결심했다고는 아무도 상상하지 못할 거예요."

결혼 13년 차, 성공한 전문직 남편과 두 남매를 둔 여성의 사연이다.

"남편은 술도 안 좋아하고 친구들도 안 만나고 오직 일과 가정에만 집중하는 사람입니다. 아이러니하게도 전 이런 남편이 달갑지 않아요. 전 술도 좋아하고 사람도 좋아하는, 실수투성이라도 인간미 넘치는 그런 남자를 보듬고 살고 싶어요. 남편은 제게 일방적으로 소리 지르고 항상 저를 훈계해요. 전 남편과 싸우는 여자가 아니라 남편한테 혼나는 여자입니다."

자녀 앞에서 자신을 밀치고 때리려고 달려들던 시어머니의 기억도 힘들다고 하는데 남들은 다 자신을 부러워하기에 속 이야기를 하지 못한다고 한다.

독자들은 이 여성의 사연에 어떤 감정 반응이 일어나는가? 안타깝게 여기는 사람도 있겠지만 '팔자 좋은 소리 하고 있네.'라 쓴 감정이 드는 사람도 있으리라 예상된다. '팔자 좋은 소리'의 콘텐츠를 뽑아 보면 '성공한 전문직 남편'과 '두 남매',

그리고 '처녀 같은 외모'가 아닐까 싶다. 우리 사는 세상의 귀중한 성과물들이다. 그런데 마음은 너무 괴롭다 한다. 성취의 사주팔자와 마음의 사주팔자는 알고리즘이 다른 듯하다.

식상할 정도로 힐링이 대세다. 힐링의 유행은 보다 나은 사회로 나아가는 신호라기보다는 이대로는 더 못살겠다는 통증이 보내는 SOS 신호다. 자살률 증가와 힐링의 유행은 색깔만 다를 뿐 같은 이야기다. 사람은 자기 자신이 무가치하다 느껴질 때 죽을 것 같은 통증을 느낀다. 내가 살아 있다는, 내가 존재한다는 정체성이 갑자기 희박해질 때 힐링의 욕구가 생기고 그것이 충족되지 않으면 자살 같은 극단적인 행동을 보일 수도 있다.

힐링의 방법으로 공감을 말한다. 경영에서도 공감을 기반으로 한 감성 경영이 강조되고 지난 대통령 선거에서도 소통과 공감을 이야기하지 않고는 명함을 내밀 수 없는 분위기였다.

공감은 내가 아닌 남의 입장에서 생각하는 것이다. 누군가 내 입장에서 나를 이해해 줄 때 우리는 따뜻함을 느낀다. 마음의 고독과 통증에도 위로가 찾아온다. 그래서인가, 소위 '공감 테크닉'이 모든 영역에서 인기다. 그러나 공감은 단순한 기술이 아니다. 생물학적 메커니즘에 기반을 둔 기술이다. 공감하는 척하는 것과 진짜 공감하는 것은 다르다. 기능성 자기 공명 영상 연구를 보면 공감 능력이 뛰어난 사람은 남의 고통을 진실로 나의 고통으로 인식한다. 고통을 동반하기에 내성이 생긴다. 그래서 따뜻한 공감의 소유자들이 오히려 무감각해질 우려가 있다.

상대방에게 충전받지 못하는 일방적인 감성 에너지 흐름은 공감 에너지를 고갈시킨다. 여기에 진실된 생물학적 반응이 없는 기술로서의 얕은 공감이 더 깊은 고독을 느끼게 한다. 힐링과 공감, 절절하고 따뜻한 이 단어들이 유행함에도 우리 마음이 더 아파지는 이유다.

앞의 '술과 사람을 좋아하는, 인간미 넘치는 남자'를 그리워하는 여성의 사연으로 돌아가 보자. 이 고백을 문자 그대로 해석해 '남편이 술 안 마시고 자기 일에 충실하면 됐지, 웬 날라리 남자 타령이야.'라 여기면 곤란하다. 이는 자신의 감성을 위로해 줄 공감 대상에 대한 애절한 갈망이다. 진짜 공감은 문자적 해석이 아닌 맥락적 해석을 할 때 이루어진다. 그러나 바쁜 삶 속에서 다른 사람의 말에 담긴 상징과 은유를 문맥적으로 해석할 여유가 없다. 팔자 좋은 소리, 철 없는 소리로만 들리게 된다.

이 여성의 통증은 자기 정체성의 문제다. 내 정체성이 희박해지는 통증은 곧 내 생물학적 기능이 끊어지는 두려움과 그 정도가 같다. 의문이 들 것이다. 그녀에게 왜 정체성 문제가 있냐고 물을지도 모르겠다. '엄마' 그리고 '아내', 이 얼마나 확실하냐고. 그러나 그렇지 않다. 현대인의 정체성 문제는 타이틀이 아닌 타인과의 실질적인 공감의 흐름이 막힌 데서 오는 문제다. 인간은 혼자서, 단지 타이틀로 자기 존재의 감성적 포만감을 느낄 수 없다. 자기 정체성은 타인과 사회와의 상호 작용 안에서 느껴진다. 내가 타인에게 인정받고 사랑받을 때 나의 '나 됨'이 뚜렷해진다.

" 당신
내가 누군 줄 알아?

친절을 강요하는 사회

우리는 왜 친절해야 할까

친절 교육이 넘쳐 나고 있다. 왜 친절해야 하는지 묻는 것이 이상해 보일 정도로 친절은 개인의 상업적 가치를 평가하는 중요한 잣대가 되었다. 최근 병원에서 서비스 리더십 교육의 일환으로 '감성 노동자의 스트레스 관리'라는 주제의 특강을 요청받았다. '공감 커뮤니케이션'이라는 제목으로 일상적인 내용을 강의하려 했으나 마음속에서는 '왜 친절해야 할까?'라는 질문이 떠나지 않았다.

친절 교육의 목적이 뭐냐고 동료 직원들에게 물으면 즉각 대답이 나온다. "고객 만족도 증대를 위해서죠." "기업의 생존과 직결되기 때문이죠." 그런데 좀 더 철학적인 어투로 "왜 우리는 친절해야 하는가?"라고 물으면 다들 수 초간 꿀 먹은 병어리가 된다. 이성과 감성의 충돌이 있는 것이다.

잠시 후 나름대로 이유를 이야기하는데 첫째 유형은 동기가 내부적, 정서적인 경우다. "사람이 웃는 것은 상대방에게 공격할 생각이 없다는 것을 보여 주잖아요." "열심히 사는 게 너무 힘들어요. 나에게 관계란 생존이에요." 이런 말 속에는 상대방이 나를 거절할 때 느끼는 불안과 공포가 숨어 있다. 이들은 항상 웃고 가장 친절하나 쉬이 지치고, 때로는 갑자기 퇴사하여 주변을 어리둥절하게 만들기도 한다.

두 번째 유형은 동기가 외부적이고 생존과 관계된 경우다. "가정에서요, 직장에서요? 가정은 진실이고 직장은 일이잖아요."라거나 "요즘 직원들 친절이 너무 지나친 것 같아요. 따로 돈을 더 받아도 되겠어요."라고 이야기한다. 사회생활을 하면서 세련된 친절을 베푸나 기계적인 친절이라는 민원을 빚기도 한다. 가장 많은 유형이다.

세 번째 유형은 동기가 가장 자발적인 경우로 "다른 사람에게 친절하게 대하는 것은 사람의 본능 아닌가요." 또는 "친절해야 친절이 오죠."라고 이야기하는 부류이다. 문제는 가장 자연스러운 동기의 자연스러움과는 상반되게 직장 내에서 이들의 친절에 대한 평가는 낮다.

왜 그럴까, 왜 자발적이고 순수한 친절관에서 친절이 더 많이 나오지 않는 걸까? 자본주의 사회에서 감성 마케팅은 비행기를 타면 친절한 비서를 줄 듯하고, 소주를 먹으면 친절한 친구를 얻을 듯하고, 아파트를 사면 귀족이 되어 최상의 삶을 누릴 듯한 심리적 착각을 활용한다. 감성 마케팅은 긍정적 역할도 했지만 부작용으로 진짜 친절과 진짜 사랑에 대한 소비자의 욕구를 높여 버렸다.

전에는 물건을 살 때 직원이 살짝 웃기만 해도 그 친절에 무척 고마워했다. 20년 전만 해도 자동차 회사가 차량 구매자에게 불편함이 없는지 묻는 전화 한 통에 감동했다. 그러나 그런 서비스가 일반화된 지금은 이런 친절이 피곤하기만 하다. '왜 전화까지 해서 귀찮게 하나.'라는 생각마저 든다. 내성이 생긴 것이다.

최근 감성 노동 스트레스가 늘어난 것은 '진짜 친절에 대한 수요량'과 '사람이 진심으로 만들어 낼 수 있는 친절의 공급량' 사이의 심한 불균형이 주된 원인이다. 단골 고객에게 허리 숙여 감사 인사를 하는 것과 그 사람을 좋아하는 것은 다른 문제다. 그런데 점점 정교해지는 친절 교육은 이 한정된 친절을 심리학적 테크닉으로 부풀린다. 친절 마케팅에 물들다 보니 어느 순간 친절도, 사랑도, 마음도 돈으로 살 수 있다고 생각하는 지경에 이른다. 친절이라는 순수한 가치가 상품화되면서 친절에 대한 열망만큼이나 채워지지 않는 갈증도 강해지고 있다.

외국계 컨설팅 회사에 다니는 30대 후반의 여성, 스트레스 설문지 점수가 높아 전화 상담을 하게 되었다. 실수로 30분 늦게 전화를 걸었는데 업무 특성상 시간에 예민하게 반응하리라 생각이 들었다.

"통화 가능하세요? 제 실수로 전화를 늦게 드렸네요."

"아, 괜찮습니다. 그런데 상담을 얼마 못 하겠네요."

반응을 보니 화는 내지 않지만 기분은 좋지 않은 것. 수면의 질이 나빠지지 않았는지, 기억력이 떨어지지는 않았는지, 표현은 안 해도 속에서 욱하고 짜증나는 경우가 늘지 않았는지 물으니 그녀는 놀라며 대답했다.

"네, 네, 네. 선생님, 무슨 점쟁이 같으세요. 어떻게 다 아세요? 잠들어도 자꾸 깨고 기억력은 엉망이에요. 그리고 집에서는 짜증을 안 내지만 가끔 콜 센터 직원이나 백화점 직원들한테 정말 미친 여자처럼 화낼 때가 있어요. 제가 제 모습 보고도 깜짝 놀라요. 그렇게 화낼 만한 이유도 사실 없거든요……."

직원이 불친절하다며 막말을 서슴지 않는 고객은 사실 스스로에게 좌절하고 있는 것이다. '왜 나는 돈으로 네 마음을 살 수 없느냐.'라고 말이다. 앞 사례의 여성도 업무 스트레스로 소진된 자신의 감성을 위로받고 싶었던 것이다.

"너 내가 누군 줄 알아? 책임자 나오라고 해!"

자존심이 상해 내뱉는 이 말, 한 번쯤은 해 보거나 들어 보았기에 친숙할 것이다. 이 말은 자신의 가치를 사회적 지위와 동일시하는 속물 가치관에서 나온다. 내가 이 자리까지 죽을 고생을 해서 올라온 이유가 존중과 사랑을 받기 위해서인데 왜 나를 존중해 주지 않느냐는 억울함과 좌절의 호소로 들린다.

사회적 지위가 오히려 진정한 친절과 존중을 느끼는 데 장애물이 된다는 진실이 가정과 학교에서 전달되지 않고 있다. '승자 독식'이라는 말처럼 사회적 지위의 상승이 모든 것을 보장한다는 속물 가치관이 우리 사회의 주된 운영 소프트웨어인 것이다.

의미 있는 희생도 보상이 없으면 분노로 바뀐다

"혼자 운전하는 게 편해."

오래전부터 운전기사를 고용해 왔던 사업하는 친구가 저녁 술 한잔 하면서 한 말이다. 권력의 핵심에 있던 사람들이 측근의 폭로로 줄줄이 구속되는 것을 보면서 경비 줄인다는 핑계로 자가운전을 시작했다는 것이다. 주변에 자기처럼 직접 차를 몰면서 꼭 필요한 경우에만 외부 기사를 쓸까 고민하는 경영자들이 늘고 있다고 했다.

비밀을 나눌 충직한 직원이 없다는 것, 생존만으로도 지쳐가는 세상에 감성 피로감을 가중한다. "브루투스 너마저!"라 외치며 배신의 한을 품고 삶을 마감한 시저의 고백이 내담자들에게서도 적지 않게 목격된다.

"선생님, 제 밑에서 20년 일한 친구가 있는데요. 제가 혈육처럼 여기고 믿어서 상무까지 올려 주고 사업도 거의 맡겼던 이 친구가 갑자기 그만두겠다는 겁니다. 그러고는 똑같은 형태의 회사를 차리고 고객들을 다 자기 쪽으로 끌고 가려는 거예요. 선생님, 정말 배신감에 잠도 안 오고, 이런 말씀 드리면 안 되지만 킬러라도 고용해서 복수하고 싶어요. 저도 먹고사는 데 지장 없을 만큼 돈도 충분히 모았어요. 단순히 돈의 문제가 아닙니다. 회사가 어려울 때도 이런 울화는 없었는데 전 어떡해야 할까요?"

필자의 대답은 단순하다.

"세상에 충신은 없습니다. 영원한 충성을 믿으신 것이 실수세요."

충성심을 선천적인 것, 영원한 것으로 믿고 살다 보면 '모두에게 배신당했다.'라는 한 맺힌 이야기로 삶을 마감하는 슬픔에 처하기 십상이다.

우리 감성 시스템은 보상이 확실하게 일어나지 않으면 그 부족한 정도만큼 분노와 슬픔이 쌓이게 된다. 자녀를 위해 희생한 모성의 사랑이 얼마나 아름다운가. 그러나 자녀가 좋은 대학에 가고 사회적으로 성공하는 것만으로는 그 희생에 보상이 되지 않는다. 심리적 보상이 함께 있어야 한다. 자녀가 늘 살갑게 감사함을 전하고 삶의 문제를 의논하며 어머니의 의견을 존중할 때 어머니는 자신의 희생에 대해 심리적 보상을 느끼게 된다. 잘나가는 자녀가 명절 때 바쁘다며 얼굴 한 번 내비치지 않고 계좌로 보낸 '효도비'는 주변에 자랑거리로는 의미가 있으나 본질적인 심리적 보상을 일으키지는 못한다.

어르신들이 잘 노하는 이유는, 조물주가 우리를 만들어 놓기를 나이가 들수록 감성 시스템이 다시 순수한 것에 집중하도록 설계해 놓았기 때문이다. 사회적 지위가 높고 경제적 성공을 이루었어도 실제적인 심리적 보상이 일어나지 않을 때 우리 마음엔 분노가 생기고 지금까지 소중히 여겨 온 것들의 의미가 사라지며 그 대상들에 대한 충성심이 마이너스로 전화된다. 충신으로서 감성 노동을 많이 한 사람일수록 보상이 충분하지 않을 때 배신의 깊이도 커질 수밖에 없다.

팀원이 당신에게 너무나 충직하고 믿음직스러운가? 현재의 충성심은 이성적 차원에서는 진실이다. 그러나 감성적으로는 분노가 쌓이고 있을 가능성이 크다. 그런 팀원일수록 마음속 이야기를 하도록, 싫은 지시는 싫다고 이야기하노록 하는 것이 미래의 큰 배신을 막는 길이다. 어찌 보면 내 말에 토 달고 저항하고 그래서 미워 죽겠다 느껴지는 팀원은 배신하지 않을 가능성이 크다. 분노를 쌓지 않고 표현하기 때문이다.

사회적 지위와 자신의 실제적 가치를 동일시하게 만드는 속물 가치관, 그 자체는 악도 아니고 선도 아니다. 열심히 일해서 자본주의의 성과물인 돈과 지위를 얻으면 그만큼 대접받고 사고 싶은 것을 살 수 있는 사회다. 속물 가치관과 자본주의의 상징인 돈, 모두 그 자체로는 가치 중립적이다. 그러나 내가 자본주의 시스템상의 서열이 올라간다 해서 곧 나의 인간으로서의 가치와 감성적 만족이 보장되는 것이 아닌데, 이 허구를 진실로 믿게 되면 속물 가치관에 몰입해서 맹신의 삶을 살게 된다. 다 가졌으나 아무것도 없는 듯한 허무를 느낄 수밖에 없다.

'내가 이렇게 고생해서 이 위치까지 오고 부를 축척했는데 왜 나를 진심으로 사랑해 주지 않는 거야.'라는 절규가 콜 센터 전화를 통해 헤아릴 수 없이 접수되곤 한다. 힘 있는 갑에게 우리는 고개를 숙인다. 그러나 힘이 있다고 해서 그 사람을 진심으로 존경하고 사랑하는 것은 아니다. 아이러니는 힘 있는 사람일수록 가짜보다 진실한 감정을 원한다는 것이다.

자본주의에 대한 필자의 정의는 매우 간단하다.

"돈으로 사랑을 표현할 수는 있다. 그러나 사랑을 살 수는 없다."

많은 사람들이 거꾸로 해서 문제다. 마음을 돈으로 사려는 유혹에 쉽게 빠진다. 사랑 표현에 인색하고 그 기술마저 퇴화해 가고 있다. 사랑은 매우 진지하고 종교적인 과정이다. 헌금을 많이 낸다고 믿음이 생기는 것은 아니다. 깊은 믿음은 전 재산을 기부해도 자유와 가치를 느끼게 한다.

" 우리 사이에
비밀이 어디 있어

비밀에 대한 집착은 세상에 대한 환멸

감추느라 힘들고 캐내느라 지친다

요즘 비밀 관련 비즈니스가 왕성하다. '네티즌 수사대'는 몇 분 만에 연예인이나 유명인의 거짓말을 잡아내 폭로하고, 이와 관련된 기사는 인기 검색어 상위를 점령한다. 반대로 상식적으로는 감춰야 하지 않나 싶은 치부를 적극적으로 드러내 세간의 관심을 받는 경우도 있다. 뭐랄까, 이런 사람에게 비밀은 이미 비밀이 아닌 듯싶다. 그 밑에 또 다른 비밀의 방이 있는 것 같기도 하다.

"일본에 지진 난 것만 보면 눈물이 그치질 않아요. 슬프고 딱한 건 당연한데 왜 이렇게까지 슬픈지 이해가 안 돼요."

50대 중반 주부가 들고 온 고민이다. 이성적으로 생각할 수 있는 슬픔의 정도보다 감정 반응이 훨씬 크다는 이야기였다.

"평소 남편이나 자식 또는 주변 사람에게 섭섭한 감정이 있으면 표현을 잘 하시는 편인가요?"

"아니요, 잘 못 해요. 꾹 참고 살았죠."

한숨을 쉬는 모습을 보니 운하병이 있는 것이다. 평소 가까운 사람들에게 섭섭했던 감정을 무의식 어딘가에 눌러놓았는데 혈통적으로 멀고도 먼 일본인에 대한 아픔과 인류애적 사랑에 개인적 울화를 풀고 있는 것으로 생각되었다.

"거짓말을 너무 하시고 사신 것이 문제인 것 같은데요."

의사의 엉뚱한 말에 그녀의 눈이 동그래졌다.

"저희 집 가훈이 '거짓말하지 말자.'예요."

"제가 말하는 거짓말은 새빨간 거짓말이 아니라 하얀 거짓말이에요. 아세요? 남자들은 자기가 거짓말 잘하는 줄 알지만 실제론 뻔히 보이는 거짓말만 하는 반면, 여자들은 자기가 거짓말을 하는지도 모르고 해요. 모성애에 기인한 거짓말인 거죠. 다르게 말하면 가족의 평화를 위해 자신의 감정은 숨겨 놓고 아내와 엄마 역할에만 충실한 겁니다. 그러다 보면 이렇게 울화가 쌓여 병이 될 수 있어요."

설명을 듣고는 여성이 눈물을 흘린다. 그녀는 2주 후 다시 찾아와 말했다.

"가족 모임을 해서 가훈을 바꾸기로 했어요. '자신을 속이지 말자.'로요."

우리 감성 시스템은 보다 가치 있다고 여기는 것을 지키기 위해 거짓말을 방어적으로 사용하기도 한다. 그러나 조물주가 만들어 놓기를 진실이란 가치를 상위에 설정해 놓았기 때문에 거짓말의 정도가 일정 수위를 넘으면 이 여성처럼 역으로 울화병 등 감정적 고통을 겪을 수도 있다.

비밀이 있는 관계는 결함이 있는 양 치부되기 일쑤다. 그러나 상상해 보라. 서로의 속마음, 모든 비밀이 노출된 상황을. 오히려 관계가 유지되기 어렵다. 우리 모두가 비밀을 간직하고 사는 것은 관계 유지를 위한 스스로의 방어이자 상대방에 대한 배려이기도 하다.

착한 거짓말은 그 비밀을 지키기 위한 우리의 노력이다. 거짓말의 사전적 정의는 '사실이 아닌 것을 사실인 것처럼 꾸며대어 말을 함'이다. 우리는 비밀을 지키기 위해 거짓말을 하게되는 경우가 많다. 비밀의 사전적 정의는 '숨기어 남에게 드러내거나 알리지 말아야 할 일'이다. 누군가 비밀을 심하게 캐려고 하면 그것을 지키기 위해 거짓말을 더 강하게 하게 되는 것이다.

자신의 모든 비밀이 낱낱이 드러났을 때 마음 편한 사람이한 명이라도 있겠는가. 그런 측면에서 비밀은 타인과의 만남에서 완충제와 같은 역할을 한다. 상대방의 비밀의 방 문을 과도하게 노크하는 것은 관계 유지에 문제를 야기한다. 비밀에도긍정적 측면이 있는 것이다.

끝없이 비밀을 캐는 마음의 이면에는 완벽주의와 함께 존재하는 불안이 있다. 연애 시절 사랑의 표현인가 보다 하고 넘겨 버린 남편의 집착은 결혼 후 아내의 삶을 좌절과 분노로 가득 차게 한다. 비밀이 없는 것이 성숙한 관계라는 착각이 삶을피곤하게 한다.

프랑스의 정치철학자인 마르셀 고셰 교수는 투명성에 대

한 집착을 "세상에 대한 환멸"로 설명했다. 세상에 대한 환멸이라. 나름대로 추론해 보자면 많은 사람들이 현실이 괴로우니 강렬한 하나 됨을 느끼는 전체주의적 유토피아를 꿈꾸게 되고 그만큼 마음이 근사해진다. 그렇기에 그 하나 됨이 깨지는 비밀은 존재할 수 없는 것이다. 마치 사랑하고 하나 됨을 느끼는 연인이 상대방에게 집착과 질투를 느끼는 것과도 같다. 원래의 순수한 하나 됨의 동기는 사라지고 비밀경찰이 그 자리를 지키게 된다.

네티즌 수사대의 활약으로 우리의 관음증 욕구를 채우는 비즈니스가 인터넷과 방송에 가득하다. 노출된 비밀을 역으로 홍보 수단으로 활용하는 노이즈 마케팅도 이미 일반화된 기법이다. 우리는 왜 이토록 비밀에 집착할까. 앞에서 말한 '세상에 대한 환멸'이란 말처럼 현실 세계에 따뜻한 위로와 만족이 없기에 비밀을 캐는 것에서 오히려 하나 됨의 동질감, 전체주의적 유토피아의 환상에 빠지는 모양새다. 그러나 비밀이 전부 파헤쳐져 모두가 엉망이 될 때 우리에게 남는 것은 깊은 고독과 허무뿐이다.

필자에게 멋진 선배가 하나 있으니 25년이 넘는 세월 동안 디테일에 대한 질문이 없다.

"형, 저 일이 있어서 오늘 약속 미뤄야 해요."

"오케이."

다 알려 하지 않으나 한결같은 우정을 보여 주는 그 선배, 항상 내 감성의 든든한 지원자다.

열심히 산 만큼 행복하다는 생각은 절반만 옳다. 성과와 성취를 위해서는 분석과 디테일이 중요할지 모르나 그 결과물을 향유하고 즐기는 감성엔 엉성함으로 이루어진 비밀 금고가 꼭 필요하다. 그 안이 꿈 그리고 항상이 삶의 행복과 만족을 기저 온다.

공감과 위로는 진심 어린 관찰에서 시작된다

비밀이란 비극적 요소가 가득한 현실에서 나의 마음을 지켜 주는 보호막이다. 남과 비교하는 삶에 비밀은 존재하기 힘들다. 피곤할 따름이다. 행복은 내 비밀 안에서 지켜지는 매우 주관적인 감성이다.

어찌 보면 소진 증후군이 주는 심리적 회피 반응은 비밀에 지친 현대인의 감성 반응인지도 모른다. 자신을 예쁘게 포장하고 사람들의 시선을 잡아당기기 위해선 사람들이 싫어할 것 같은 내 모습들은 숨겨야 한다. 아무도 내 흠을 알아서는 안 된다. 완벽한 존재로 사람들에게 인정받아야 한다. 정치 세계에 흔한 네거티브 전략은 이미 현대인의 기본적인 생존 전략이다. 나의 흠은 감추고 남의 흠은 들추어내는 것이다. 경쟁 위주 사회는 삶의 가치를 절대적 기준이 아닌 끊임없는 비교에 근거해 평가하기 때문에 '하향 평준화 심리'가 만연해 있다. 내 등수를 올리든지 아니면 남의 등수를 낮추어야 한다.

군중 속의 고독은 남의 시선에 지나치게 신경 쓰느라 나의 내면을 감추고 상대방이 원하는 정체성으로 나를 포장할 때 찾아온다. 공감과 소통의 첫 번째 단계는 바로 용기를 내는 것이다. 이 심리학적 용기란 강한 나를 보여 주는 것이 아니다. 내 안의 약점을 타인에게 보여 줄 수 있는 용기를 말한다.

비밀 유지 전략과 네거티브 수사엔 상대방과의 공감과 소통이 일어날 수 없다. 공감과 소통이 없는 관계는 감성 에너지의 충전 없이 내달리기만 하는 소진 시스템과도 같다. 비밀을 유지하기도, 남의 비밀을 파내는 것도 지친 우리의 감성 시스템은 자구책으로 모든 것으로부터 나를 격리하고자 한다. 그것이 회피 반응이다.

사람의 실제 행복에 필요한 것은 하나 됨의 환상을 유지하는 데 필요한 비밀경찰식 수사가 아니라 내 주위 사람에 대한 따뜻한 관심이다. 과거 철학자의 가르침을 보아도, 최근 통계적으로 입증되고 있는 연구 결과를 보아도 인간 행복의 첫 번째 요소로 '내 마음을 토로하고 위로받을 수 있는 사람이 얼마나 있는가'를 이야기한다.

영국의 미술 평론가이자 사상가인 존 러스킨은 인간에게 아름다움을 소유하고자 하는 본능이 있는데 아름다움을 소유하는 가장 효과적인 방법은 그 대상에 대한 세심하고 진심 어린 관찰이라고 했다. 그리고 관찰력을 키우기 위해 데생을 적극 추천했다. 러스킨은 카메라를 좋아하지 않았다. 카메라는 대상의 이미지를 정확하고 편리하게 남겨 주지만 사진을 찍을 때는 데생할 때만큼 사물을 자세히 관찰하지 않게 되기 때문이란다.

위로를 달리 표현하면 '상대방에 대한 진심 어린 관찰'이라 할 수 있다. 모이면 디지털카메라와 스마트폰으로 서로를 찍어 주고 쉴 새 없이 문자 메시지와 SNS로 근황을 알리는 우리들,

그러나 정작 진심 어린 관찰은 과거에 비해 줄어들지 않았는지. 34분에 한 명씩 자살하는 사회인데 자살한 사람의 지인들은 "전혀 그럴 상황이 아니었다."라고, "이해가 되지 않는다."라고 얘기한다. "작은 슬픔을 가진 자는 자기 슬픔을 이야기하지만 큰 슬픔을 가진 자는 아무 말도 없다."라는 오래전 철학자의 말이 떠오른다. 소중한 상대방의 아름다움을 소유하고 위로함에 있어서는 스피드보다는 지루하도록 느린 관찰이 더 중요한 것 아닌지 생각해 본다.

> ## 몸이 아픈데
> ## 왜 아픈지
> ## 알 수가 없어요

'진단명 없음'의 괴로움, MUS

마음이 아프면 몸도 아프다

마음고생이 심해 병원을 찾는 경우 중의 하나가 분명히 이런저런 신체적 증상은 있는데 의사 진찰도 받고 각종 검사를 해도 딱히 명확한 원인을 찾지 못하는 상황이다. 큰 병원, 명의를 찾아 고생을 마다 않는 '닥터 쇼핑'을 하기도 한다. 해결되지 않는 증상만으로도 괴로운데 고된 병원 쇼핑으로 병이 하나 더 생길 지경이라 토로하곤 한다.

이런 경우를 가리켜 MUS(Medically Unexplained Symptoms, 의학적으로 설명되지 않는 증상)라는 용어를 쓴다. 생각보다 그 빈도가 높아 개인 병원을 찾는 환자 다섯 명 중 한 명 정도는 MUS라는 답답함을 경험한다고 한다. 필자도 MUS로 고생하는 사람들을 자주 본다. MUS의 원인 중 상당수가 우리 마음이 담겨 있는 뇌의 심리학적, 생물학적 피로와 연관이 있기 때문이다. 희귀한 신체 질환이 있는 경우가 아니면 MUS의 대부분은 마음의 괴로움, 뇌의 피로에 기인한다.

소화 불량, 어지러움증, 이명, 감기 증상, 만성 기침 등 갖가지 MUS로 고생하는 사람들을 치료해 나름대로 자신감이 붙은 필자에게 40대 후반 남성이 발기부전이라는, 도전 의식을 불러일으키는 문제를 들고 방문했다. 큰 대학 병원 비뇨기과도 가 보았고, 명의라 불리는 개원의에게도 가 보았다고 했다. 용하다는 한의원도, 여러 민간요법도 도움이 되지 않았다.

열심히 살아오다 이제 그 열매로 삶을 누리려는 시점에 이르러 남성성의 소실로 당황하는 환자의 안타까움이 절실하게 느껴졌고 꼭 이 남성에게 도움이 되어 주리라, 굳은 신념을 가지고 최선을 다해 치료에 임했다. 약물 치료도 하고 상담 치료도 시행했다. 그러나 한 달, 두 달이 지나도 환자의 남성성은 꼼짝하지 않았다. 좋아질 거라고 호언장담했건만 환자 보기가 부끄러웠다. 그런 와중 그가 한 말이 잊히지 않는다.

"선생님, 너무 애쓰지 마세요. 저 이제 아무래도 상관없어요. 그 문제에 대해 마음도 편해졌고 앞으로는 좀 더 행복하게 살 수 있을 것 같아요."

그는 거꾸로 의사를 위로하는 것이었다. 필자는 그를 치료한 것인가, 아닌가.

MUS 치료에서 증상을 없애는 것 이상 중요한 요소가 증상에 대한 환자의 인지적, 정서적 반응이다. 증상 자체보다는 증상에 대한 불안과 공포 등의 정서 반응, 그리고 부정적인 예상과 같은 인지 반응이 삶의 질에 더 영향을 미친다. 삶의 문제와 사건에 대응하는 마음의 알고리즘에 변화가 없으면 또 다른 신체적 증상이 마음의 고통을 대신해 나타날 수 있는 것이다. 억울하고 속상한 감정을 표현하지 않으면 그것이 쌓여 감성 스트레스 시스템에 과부하를 주고 이것이 여러 생물적 반응을 거쳐 신체 증상을 만들어 낸다. 마음의 화가 몸으로 나타나는 것이다. 오죽하면 '화병'이라는 말이 의학 용어로 인정받겠는가.

과거 화병의 주인공은 누가 봐도 한이 있어 보이는 시집살이 오래 한 며느리였다. 그러나 요즘은 '세련된 화병'이 대세라 겉으로 봐서는 알 수가 없다. 남자에게서도 많이 보인다. 사회생활을 하는 커뮤니케이션 스킬은 더 세련돼지고 상업적으로 행해지는 서비스는 과거보다 친절해졌는데 감정적 한은 쌓여만 가는 모양새다.

말로 천 냥 빚을 갚는다는 말이 있다. 그런데 말로 몸이 훅 갈 수도 있다. 2012년 세계적인 의학 저널인 《뉴 잉글랜드 저널 오브 메디신(New England Journal of Medicine)》에 실린 연구 결과가 의미심장하다. 600만 명을 대상으로 암이라는 진단이 주는 언어적 충격의 정도를 진단 후 일주일간의 자살률과 심장 쇼크 사망률로 평가했는데 정상인에 비해 자살률은 12.6배, 심장 쇼크 사망률은 5.6배나 높았다. 이들은 암이라는 신체 질환으로 생을 마감한 것이 아니다. 암이 걸렸다는 언어적 콘텐츠가 감성 시스템에 걱정과 자책을 유발해 생을 단축시킨 것이다. 암으로 삶을 마감한 것이 아니라 암에 걸렸다는 '말'의 충격에 스스로의 삶을 꺼뜨린 것이다. 심장 쇼크로 인한 사망도 의도적 자살은 아니나 생물학적 자살의 일종이라 볼 수 있다.

로세토 마을의 역설

심장 쇼크의 대표적인 원인은 심혈관 질환이다. 심장에 영양을 공급하는 혈관이 좁아져 심장이 더 이상 제 기능을 못하는 이 질환은 미국의 경우 1950년대부터 급증하기 시작했다. 당시 필라델피아 지역을 대상으로 원인을 밝히기 위한 역학 연구가 이루어졌는데 그 결과 교정 가능한 위험 요인으로 두 가지가 꼽혔다. 하나는 흡연이었고 다른 하나는 비만, 과도한 지방 섭취 등과 연관된 고지혈증이었다.

아시이 유혹을 이기지 못하고 입에 음식을 넣을 때 포만감과 함께 밀려드는 자괴감의 유래가 그렇게 오래된 이야기가 아니다. 50년 전만 해도 우린 그저 편안하게 식사를 했던 것이다. 다이어트에 대한 끊임없는 자책과 자기반성의 역사가 그렇게 길지가 않다. 우리는 먹을 때마다 다이어트를 다짐하고 풍만해진 배를 볼 때마다 스스로를 탓하며 피트니스 센터에 돈을 지불한다. 가지 못한 날들에 또 괴로워한다. 그런데 과연 건강에 대한 이 집요한 걱정과 자기반성은 우리 몸에 긍정적일까?

'로세토 역설'에 힌트가 있다. 로세토는 필라델피아에 있는 마을이다. 앞의 연구에서 심장 쇼크 사망률은 모든 지역에서 증가했는데 이 지역의 사망률은 전혀 증가하지 않았다. 65세 이하에서는 심장병 사망자가 아예 없었고 그 이상 연령에서도 사망률이 절반밖에 되지 않았다. 이곳 사람들이 담배도 덜 피우고 식단 조절도 잘해서 비만인 사람이 적은가 보다 하고 조사해 보니 웬걸, 흡연자도 훨씬 많았고 비만인 사람도 더 많았다. 그런데 심혈관 질환을 앓는 사람은 확연히 적었다. 이 역설의 원인은 무엇일까? 정신과 의사가 투입되어 연구가 이어졌다. 원인은 따뜻한 공감이 묻어 있는 대가족 시스템에 있었다.

로세토는 이탈리아의 한 고장에 살던 사람들이 단체로 이주해 정착한 마을이었다. 생존 경쟁을 위한 불필요한 걱정과 갈등을 일으키면 그 사람이 '왕따'가 되는 분위기였다. 그야말로 감성 시스템이 평화로웠다. 이곳의 화목한 분위기는 일주일에 두 번은 마을 사람 모두가 같은 음식을 먹었다는 것만 봐도 알 수 있다.(예를 들면 '목요 파스타 데이'처럼.) 마을 사람들은 기름진 음식 탓에 비만하기는 했지만 서로를 위로하고 불필요한 불안과 걱정, 자기반성을 최소화할 수 있도록 감성 시스템을 항상 촉촉하게 유지했던 것이다.

그러나 이런 평화도 오래가지는 못했다. 미디어의 영향으로 보다 나은 삶, 소위 '아메리칸 드림'을 실현하고자 젊은 남성, 결혼한 여성들이 자신의 삶을 현대적인 스타일로 바꾸어 가면서 심장병으로 인한 사망률도 주위 지역과 차이가 없어졌다. 오래 살기 위해 안 하던 다이어트도 하고 피트니스 센터를 다녔는데도 말이다. 이 아이러니 속에 통제보다는 수용, 생존보다는 가치라는 삶의 본질적인 진리가 느껴진다. 경쟁을 통한 성취 욕구는 지나치면 해로울 수 있다. 타인에 대한, 또 나 자신에 대한 돌봄이 우리 심장과 뇌를 보호한다.

이성과 감성은 친구다. 그러나 둘은 너무나 다른 친구다. 하나는 언어적 커뮤니케이션과 통제를 즐겨 사용한다. 그러나 다른 하나는 말을 하지 못한다. 벙어리다. 보고 듣고 느끼는 것만으로 상황을 판단한다. 이성은 약았지만 감성은 '돌직구'다. 감성은 이성에게 끊임없이 희생하고 에너지를 공급하나 이성이 보상을 주지 않고 계속 희생만 강요하면 순간 돌변한다.

그래서 우리 뇌 안의 감성은 양날의 칼이다. 우리를 기쁘고 행복하게 해 주고 마음의 안정도 주나 삶의 무게와 스트레스 압력이 너무 커지면 삶에서 나를 격리하고 극단적으로는 삶의 스위치를 꺼 버린다. 행복에 대한 이성의 집착이, 정작 행복을 느끼는 주체인 감성을 힘들게 하는 것이 우리 현대인의 모습이다. '조금만 참고 기다려. 이제 곧 완벽한 행복이 다가올 거야.'라는 이성의 속삭임에 지금의 행복을 희생한 감성 시스템이 소진되어 간다.

때로는 감성의 직구가 필요하다

수년 전 인문학자도 철학자도 아닌, 컴퓨터와 스마트폰 사업을 하던 스티브 잡스의 죽음과 그가 남긴 명언들이 사람들의 마음을 흔들었다. 사람 마음의 흐름이 관심사인 필자에게는 실제 그가 어떤 사람인가보다는 그에 대한 대중의 갈망에 가까운 정서 반응에 깊은 관심이 간다. 잡스는 야구로 치면 감성의 직구를 던지는 투수가 아닌가 싶다. 직구는 홈런을 맞을 위험이 있기에 용기가 부족하면 던질 수 없다. 그의 말들이 변화구에 지친 우리에게 시원한 직구의 맛을 안겨 준다고 할까.

우리가 사는 세상, 아름답다. 열심히 일하면 행복한 삶을 영위할 수 있고 잘 관리하면 의학의 발달로 백수(白壽)를 누릴 수도 있다. 그런데 장밋빛 약속이 큰 만큼 불안정한 삶에 대한 공포도 커지는 느낌이다. 열심히 해야 누릴 수 있다는 것이다. 어찌 보면 삶에 대한 기대가 커지면서 생존에 대한 본능적 공포는 과거보다 지금에 더 무섭게 자라고 있다. 경기 결과에 집착하고 생존에 급급하다 보면 직구를 던질 수 없다.

세련된 변화구가 난무하는 세상이다. 화려한 낙차를 보이나 이 변화무쌍함이 우리를 지치게 한다. 세련된 화병 MUS도 변화구 세상이 만든 감성의 병이다. 슬프면 슬프다 이야기하고 억울한 것을 억울하다 이야기할 수 있다면, 감성의 직구로 승부한다면, 화려한 변화구가 꺾이고 꺾여 부메랑으로 나를 때리는 일은 없을 것이다.

너무 모범적으로 사는 것은 규율과 규제가 가득한 세상에서 직구 던지는 용기를 잃게 한다. 배수진을 치고 직구만을 고집하는 듯한 잡스의 말들이 의미심장하다.

"여러분의 시간은 한정돼 있다. 다른 사람의 삶을 사느라 시간을 낭비하지 말라. 가장 중요한 것은 가슴과 영감을 따르는 용기를 내는 것이다. 삶이 만든 최고의 발명은 '죽음'이다. 죽음은 삶을 대신해 변화를 만든다."

우리도 가끔은 우리의 직구를 세상에 날려 주고 또 상대방이 거친 직구를 던지더라도 아름답게 여겨 주자.

2

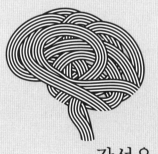

감성은

숨 쉬고 싶다

" 공감하기도 공감받기도 힘들어요

공감을 뛰어넘는 원초적인 마음의 힘, 연민

타인에게 공감할 여유가 없다

정신신체의학(Mind-body medicine)이라는 영역이 있다. 말 그대로 몸과 마음의 상호 작용을 연구하는 분야다. 이쪽 영역을 연구하는 하버드 의대 교수를 초청했을 때 들었던 연구 결과가 흥미롭다. 불쌍하지만 실험을 위해 하얀 생쥐들 등에 화상을 입혔다. 그리고 세 가지 환경에 놓고 관찰했다. 첫 번째 환경에서는 다른 쥐들과 함께 두었고 두 번째는 혼자 있게 했다. 마지막 세 번째 환경에서는 혼자 두되 하얀 솜을 넣어 주었다.

그 결과 첫 번째 쥐, 친구들과 함께 둔 쥐는 화상이 금방 아물었다. 거기에 비해 혼자 외롭게 둔 쥐는 상처가 아예 아물지 않았다. 재미있는 것은 쥐 대신 따뜻한 느낌을 주는 솜이라도 넣어 준 세 번째 환경이었다. 여기에 둔 쥐는 혼자 외롭게 지냈는데도 화상이 완벽하진 않지만 상당히 치유되었다. 솜에 치료 효과가 있는 것일까?

기분 전환은 현대인이 주로 사용하는 스트레스 해소 기술이다. 가족든과 재미있는 영화를 본다든가 놀이공원에 가는 것 등이 기분 전환이다. 회사에서 기분 전환을 위해 하는 대표적인 활동은 회식이다. '회사'를 뜻하는 영어 단어 company는 com(together, 함께)과 pany(bread, 빵)로 이루어져 있다. '함께 빵을 먹는'이라는 뜻이니 우리말로 하면 '한솥밥 먹는 식구'일 것이다. 그런데 회식의 기분 전환 효과가 옛날만 못하다. 심지어는 오히려 회식이 스트레스다.

필자가 한 직장에서 직무 스트레스 설문을 시행했더니 회식이 스트레스 요인 1위로 나왔다. 이 사실을 CEO에게 조심스레 알렸다. "대표님, 직원들이 회식으로 스트레스를 가장 많이 받는다 하네요." 그러자 그 CEO는 예상 밖의 반응을 보였다. "아니, 그렇게 많이 하는데도 부족하대요?" 직원도 어렵고 CEO도 어려운 세상이다.

그 CEO가 이상한 사람이 아니다. 직원을 향해 따뜻한 마음을 품고 다가가려 노력한다. 문제는 공감의 결여다. CEO가 직원들의 마음에 공감하지 못하니 직원의 입장에서는 CEO의 노력이 느껴지지 않는 것이다. 이를 비판만 할 수 없는 것이, 세대 차이 나는 젊은 사람을 이해하는 게 쉬운 일은 아니다. 부모가 자식을 사랑하지 않아 갈등과 다툼이 있겠는가?

힐링이 유행했고 그 방법으로 공감이 유행이나 공감은 생각보다 간단하지 않은 심리적, 생물학적 현상이다. 우리 뇌는 마음의 여유가 있을 때 누군가를 공감할 수 있다. 즉 감성 에너지가 충분히 충전되어 있어야 에너지의 흐름을 나에게서 주변의 타인에게 돌릴 수 있는 것이다.

힐링이 유행하는 현실은 에너지가 넘쳐흐르는 데서 온 것이 아니다. 감성 에너지의 풍요로움이 아닌, 감성 에너지의 결핍으로 인한 통증이 '나 좀 공감해 줘.'라는 메시지로 나타나는 것이다. 문제는 모두가 나 아닌 다른 누군가에게 감성 에너지를 나눠 줄 수 없을 만큼 지쳐 있다는 것, 우리 사회의 공감 에너지 수요 공급에 심한 불균형이 존재한다는 것이다. 사랑을 원하는 이는 많으나 그 사랑 에너지가 충분하지 않다.

최후의 힐링 전략, 연민

앞에서 말한 연구로 돌아가 보자. 쥐들도 공감 능력이 있는 것일까? 동료 쥐들과 따뜻한 공감을 나눈 것이 회복에 도움이 되었다고 해석하기에는 무리가 있다. 공감은 감성 에너지를 활용하긴 하나 이성적 사고가 동반되어야 하기 때문이다. 쥐에게 울음소리는 있어도 정교한 언어 체계는 없다. 더욱이 무생물인 흰 솜에 무슨 공감 능력이 있겠는가?

우리 감성의 뇌 안에는 연민 이완 시스템이 존재한다. 이 연민 시스템이 만들어 내는 대표적인 항스트레스 호르몬이 옥시토신이다. 옥시토신은 마음을 이완시키고 신체 전반을 공격이 아닌 평화 상태로 만든다. 앞의 실험에서 각 쥐의 옥시토신 분비 정도를 측정했더니 동료와 함께 둔 쥐에서 가장 많이 분비되었고, 홀로 둔 쥐는 옥시토신이 분비되지 않았다. 솜과 함께 둔 쥐마지도 충분하지는 않으나 어느 정도 옥시토신을 분비했다. 솜과 접촉했을 때 뇌 안에서 과거 있었던 진짜 스킨십 경험이 재현되면서 동일한 신경생물학적 반응을 보인 것이다. 상대가 없는 자기 연민에 치유의 힘이 있는 이유다. 이 연구 결과만 보면 기분 전환을 위한 회식보다는 전 직원에게 곰 인형을 선물하고 하루 15분씩 꼭 안도록 하는 것이 업무 스트레스 관리에 더 효율적일 듯하다.

항스트레스 호르몬인 옥시토신은 남녀 모두에게 있지만 여성에게는 더 특별한 기능을 한다. 옥시토신은 출산할 때 자궁을 수축해 주고 유선을 자극하여 젖이 나오게 한다. 그야말로 모성애 호르몬이다. 자궁 안에서의 조건 없는 따뜻한 보살핌, 연민의 안정감을 우리의 감성 메모리는 기억하는 것이다. 엄마와 태아의 관계에 무슨 이성적인 공감이 있겠는가? 그것은 무조건적인 받아들임, 연민이다. 연민은 감성 에너지가 바닥나도 할 수 있는 최후의 힐링 전략이다. 그냥 상대방을 온 마음으로 안아 주는 것이다. 공감을 넘어서는 보다 원초적이고 무조건적인 힐링 파워, 그것이 연민이다.

다음 그림은 우리의 정서를 조절하는 감성 시스템을 간략하게 그려 본 것이다.

    감성 시스템은 크게 세 부분으로 구성되어 있다. 앞에서 이 야기한 연민 이완 시스템의 반대 축에서 작용하는 것이 불안 생존 시스템이다. 불안은 생존을 위해 꼭 필요하다. 문제는 불안 시스템만 과하게 작동하고 있다는 것이다. 불안 시스템이 내뿜는 아드레날린, 코티졸 같은 스트레스 호르몬은 단기적인 위기 극복에는 최고이나 오랜 시간 끊임없이 흘러나오게 되면 몸과 마음을 망친다. 실험 속 쥐의 상처를 아물지 않게 한다. 몸 안의 병든 세포가 잘 아물지 않을 때 생기는 질환이 암이다.

    또 다른 하나, 흥분 욕망 시스템은 마음의 쾌락 시스템이다.

의학 용어로는 보상 시스템이라 부른다. 아름다운 여자가 걸어가면 눈이 자동으로 돌아가는, 그래서 옆에 있는 여자 친구에게 한참 혼나게 되는 행동이 이 시스템과 관련된 것이다. 음식, 따뜻한 보금자리, 성적인 기회, 권력과 같이 삶의 쾌감을 주는 것을 향해 흥분하고 돌진하게 만든다. 치열한 경쟁에서 이겨 그것을 획득했을 때는 도파민 호르몬이 강렬한 쾌감과 기쁨을 느끼게 한다. 코카인, 필로폰 같은 마약이 이 시스템을 통해 작용한다. 초콜릿처럼 달달한 것을 먹을 때의 쾌감이 이 시스템을 자극한다. 한마디로 우리 기분을 '업'시켜 준다.

이 쾌감은 무언가를 성취하고 노력에 따라 보상을 얻을 때 따라온다. 그러나 이것은 지속적인 행복과는 다르다. 이 쾌감을 행복이라 정의하면 삶이 고될 수밖에 없다. 보상 시스템이 끊임없이 새로운 자극을 요구하기 때문이다. 지속적인 행복감은 생물학적으로 치열하게 투쟁하지 않는, 고요한 연민 시스템의 활동이다.

연민 시스템을 활성화하자

현대 사회는 욕망 시스템을 과도하게 자극하고 있다. 여기에 불안 생존 시스템과 흥분 욕망 시스템이 엉켜 서로를 자극하고 있다. 연민 이완 시스템이 들어가 편안함을 안겨 줄 틈이 보이지 않는다.

앞에서 이야기한 것처럼 현대인은 불완전한 자기 정체성의 문제를 극복하고자 '더 멋지고 사랑받을 존재'가 되기 위해 끊임없이 노력한다. 더 높은 지위와 경제력, 멋진 배우자 등 욕망을 채워 줄 무언가를 위해 뛰고 경쟁한다. 경쟁에서 이기면 흥분 욕망 시스템이 승리의 쾌감을 제공하나 지게 되면 불안 생존 시스템이 가혹한 자기비판과 부끄러움의 감정 반응을 낳는다.

"자기비판이 없는 사람은 발전할 수 없다."

자기 계발서에 수도 없이 나오는 내용일 것이다. 아픔 없는 성장은 있을 수 없으나 자기비판이라는 심리적 반응은 이제 더 이상 필요악이 아니라 우리 감성의 적이 되어 버렸다. 지친 우리 뇌에는 더 이상 채찍을 맞을 여유와 에너지가 남아 있지 않기 때문이다. 지칠 대로 지친 경주마를 채찍으로 더 재촉하는 것은 감성 시스템의 작동을 정지시켜 버린다. 우울 장애는 삶의 긍정적인 감정과 동기를 만들어 내는 시스템이 고갈된 것이다. 연민 이완 시스템의 개입 없이 불안 생존 시스템이 흥분 욕망 시스템을 일방적으로 자극하면 감성 시스템이 극단적인 소진에 빠진다.

채찍으로만 다스려진 뇌는 연민마저도 자기 비하의 감성으로 받아들인다. 자기비판과 남의 멸시는 견뎌도 누군가 자신을 위로하려고 할 때면 자기가 다 부서지는 느낌이 들게 된다. 자신이 세상에서 가장 근사하고 사랑받는다는 삶의 정체성이 파괴되어 버린 느낌, 인생의 낙오자가 된 느낌을 받기 때문이다. 우리에게 삶의 실패보다 더 무서운 적은 연민마저 받아들일 수 없게 된 감성 시스템의 소진이다. 사랑을 위해 생존하는 것이 인간인데 사랑할 수 없는 뇌가 되어 버린 것이다.

연민할 수 없게 되어 버린 감성 시스템의 소진, 화려하나 고독하다.

" 자고 싶어도
잘 수가 없어요

불안에 사로잡힌 우리의 감성 시스템

자가 면역 질환이 되어 버린 현대인의 화병

언젠가 비행기 안에서 있었던 일이다.

가슴속 뜨거운 감정의 폭발에 이어지는 눈가의 촉촉함. '어라, 왜 이러지?' 당황하며 펑펑 울어 버리고 싶은 감정 반응을 가까스로 자제했다. '비행기 안에서 망신당할 뻔했네. 평범한 영화 보다가 왜 이러지?' 영화는 남북 탁구 국가 대표 혼합팀 '코리아'에 대한 이야기였다. 남북의 선수가 갈등을 극복하고 한마음이 되어 중국 팀을 꺾고 우승하는 장면이, 별생각 없이 영화로 시간이나 때우려던 필자의 감성을 갑작스럽게 흔들어 놓은 것이다.

간신히 감정을 추스르려는 그때, 앞 좌석 승객의 의자가 뒤로 확 젖혀지며 무릎을 때렸다. 그러자 순간 '묻지 마 범죄' 수준의 화가 확 일어나는 것 아닌가. '두 주먹으로 때려 주고 싶은' 충동에 어쩔 줄 몰랐다. 이것을 도대체 어떻게 설명해야 하나? 먼 북쪽 동포의 고통을 공감하며 남북이 하나 되는 장면에서 굵은 눈물을 흘리게 하면서, 동시에 사소한 남한 동족의 작은 실수에 화를 치솟게 하는 감성 시스템을 말이다.

평균 수명 연장에 공을 세운 의학의 으뜸 성과는 세균으로 인한 감염성 질환을 효과적으로 치료할 수 있게 된 것이다. 약을 쓰고 몸의 상태를 잘 관리해 면역 기능을 유지해 주면 세균이란 적을 이길 수 있다. 이렇게 적이 외부에 있고 그 존재가 명확하면 해결책이 간단할 수 있는데 자가 면역 질환, 즉 자신의 조직을 적으로 인식하는 질환은 다르다. 적과 나의 경계가 명확하지 않으니 치료가 어렵다. 내가 나를 공격하니 나를 파괴하는 약을 함부로 쓸 수도 없고 스스로의 공격을 막기 위해 면역 체계 자체를 약화시키면 2차 감염 등으로 합병증을 일으킨다. 진퇴양난이다.

우리는 명확한 생존의 적인 절대 빈곤이 사라진 시대에 살고 있다. 보릿고개라는 말을 젊은 세대는 잘 알지 못한다. 그러나 생존에 대한 심리적 공포는 더 커져 있다. 성과주의에 중독된 행복론이 마치 아군인 양 우리 마음에 숨어들어 '열심히 살자, 그러면 행복이 찾아올 거야.'라 끝없이 주문을 걸면서 우리의 감성 시스템을 소진시키고 있다. 삶의 긍정적인 에너지를 앗아 가는 소진 증후군은 마음이 자가 면역 질환인 셈이다.

화는 감성의 면역 반응이다. 투여한 내 감성 노동의 희생에 비해 공감이라는 심리적 보상이 충분히 이루어지지 않을 때 작동한다. 남한의 하나 됨이란 상징에 흘러나온 필자의 눈물, 그것은 성과를 위해 스스로에게 희생만 강요당하고 있는 감성 자아의 한이자 누군가에 깊이 위로받고 공감받고 싶다는 메세지가 아니었나 싶다. 한이 서린 감성 자아는 외부의 작은 자극에도 쉽게 분노 반응을 일으킨다. 이 슬픔과 분노가 우리 감성을 한없이 소진시킨다.

불안은 불안을 먹고 자란다

70세 어르신이 지인의 소개를 받고 왔다. 1000억대 가까운 자산을 가진 자수성가한 사업가인데 불면증이 심하다고 했다. 어르신은 아내가 수년 전부터 치매를 앓았고 지금은 요양원에 있다고 했다. 홀로 지내니 외로울 것이라 예상되었다. 동네 의원을 다녔는데 계속 약을 먹는 양이 늘어나고 악성 불면증에 쓰는 향정신병 약물까지 다량 복용하게 되어 더 이상 처방이 어려우니 전문가를 찾아가라 하여 오게 된 것이었다.

"선생님, 손발이 너무 찹니다. 컨디션도 안 좋고 동네 의원에서 코가 좋지 않으면 그럴 수 있다고 하여 대학 병원 가서 검사를 받았는데 정상이라고 합니다."

불안한 목소리로 손발이 너무 차다, 체온이 떨어진다는 말을 반복했다. 인자한 인상에 풍채도 좋은 어르신인데 마음이 불안하니 참을 수 없는 존재의 가벼움이 느껴졌다. 불안은 영혼을 갉아먹고 삶의 멋진 체험을 앗아 간다.

어르신의 왼손을 내 손으로 감쌌다. 두툼한 손등에서 그간 삶의 고생이 농축되어 전해 오는 듯했다. 온도는 따뜻했다.

"어르신. 제 손이 차갑게 느껴지시죠? 저보다 손이 더 따뜻하신데요.”

몇 번 손을 떼었다 잡았다 하자 눈이 동그래지며 ‘어, 그런
가.’ 하는 표정이다.

“손은 따뜻하세요. 체온이 떨어져서는 사람이 살 수 없습니
다. 물론 발열 때문에 체내 온도는 떨어졌다 느끼실 수 있어요.”

불안에 대응하기 위해서는 사실만으로는 안 된다. 사실에
기반을 두고 그 사람의 고통에 대해 아주 작은 공감이라도 이
루어져야 한다.

“어르신, 고등학교 때 배단부터 시작해서 지금에 이르셨잖
아요. 돈도 많이 버셨고 남 부럽지 않은 위치에 오르셨고요. 그
런데 재력과 성공이 잠을 오게는 못하네요. 어르신의 불면증은
너무 열심히 사셔서 생긴 모범생 합병증이에요. 열심히 사신
것, 성공하신 것은 정말 훌륭하신 거예요. 그러나 세상에 공짜
는 없다고, 불안과 불면을 얻으셨어요. 지금 말씀도 너무 빨리
하시고 정신없어 보이세요. 너무 불안해 보이세요.”

설명을 듣고는 ‘아, 내가 불안한 모습인가.’ 인지하며 얼굴
을 추스르고 매무새를 가다듬는다. 다소 차분해지니 인상도 훨
씬 젊어 보이고 여유가 느껴졌다.

108

사람의 감정 반응 중 제일 힘든 것이 불안이다. 불안하면 행복할 수 없다. 손발이 차갑게 느껴지는 것도 불안 반응이다. 자율 신경계의 적절한 균형이 깨진 것이다. 평화로운 이완 상태라면 온몸에 따뜻한 기운이 느껴질 텐데 이 어르신은 계속 앞을 보고 달려가는 전투 상태였다. 우리 뇌에 존재하는 불안 생존 시스템은 전투력 측면에서는 물론 소중하다. 그러나 긴 시간 꺼지지 않고 작동하면 몸과 마음을 망가뜨리게 된다. 불안은 스트레스 호르몬이 과다하게 나오고 있다는 감성적 증거다.

하지만 우리 뇌 안에는 생존 시스템만이 아니라 이완을 시켜 주는 항스트레스 시스템도 존재한다. 바로 연민 시스템이다. 불안 시스템이 열심히 살라며 나를 계속 채찍질하는 반면 연민 시스템은 이젠 좀 쉬라며, 괜찮다며 이완하라 한다. 연민 시스템의 작동 없이 불안 시스템만 작동하게 되면 몸과 마음이 고장 난다. 그것이 우리 현대인의 모습이다.

손을 몇 차례 잡아 주고 나서 물었다.

"어르신, 정말 열심히 달려오셨잖아요? 스스로를 따뜻하게 토닥거릴 때가 되셨어요. 스트레스는 어떻게 푸세요?"

독자들은 스트레스를 어떻게 푸는지? 스트레스를 푼다 하면 팔자 좋고 한가로운 삶이라는 느낌이 드나 막상 보면 그렇지 않다. 스트레스를 어떻게 푸느냐는 질문에 시원하게 답변하는 사람이 거의 없는 게 현실이다. 많은 사람이 이 질문에 꿀먹은 벙어리가 된다. 어르신의 대답은 일단 허리가 아프다는 말로 시작되었다.

"허리가 아파서 병원 치료를 받고 있습니다. 허리가 너무 아파요. 그러다 보니 피트니스 센터에 가서 운동도 못 하고 여섯 달째 골프도 못 쳤습니다."

운동은 스트레스 관리에 좋은 건강이다. 그러니 운동도 모범생처럼 하는 사람이 너무 많다. 숙제하듯 운동을 한다. 스트레스를 많이 받을수록 운동을 더 해야 하지만 스트레스를 받은 뇌는 지치고 동기 부여가 되지 않기에 운동을 하고 싶은 욕구가 사라지게 된다. 지친 감성은 좋아하던 활동도 숙제로 느껴지면 다 거부한다. 회피 반응이 나타나는 것이다. 불안 생존 시스템이 과다하게 활성화될 때 자연스럽게 연민 이완 시스템이 작동되면 좋으련만 그렇지 못하다. 악순환이 되어 버린다. 성공해도 삶이 버거운 이유다.

"혹시 제가 지난빈 처방해 드렸던 약 드셨나요?"

"한 일주일만 먹고 안 먹었습니다. 먹으니깐 자꾸 낮에 잠이 오고 도움도 별로 안 되는 것 같아서요."

항우울제는 감성의 기운을 떨어뜨리는 약이다. 강제로 연민 이완 시스템을 작동시킨다. 춘곤증을 느끼듯 나른해지며 낮잠이 몰려올 수도 있다. 연민 이완 시스템이 작동한다는 신호다. 그러나 열심히 달려오기만 한 사람에겐 이 나른함이 익숙하지 않다. 자기 연민은 나른한 감성이다.

"어르신, 제일 중요한 치료제를 드시지 않았네요. 지금 드시는 약은 잠은 오게 하지만 본질적인 해결책은 아닙니다. 나른하고 낮잠이 몰려와 약을 안 드셨다고 하는데 지금 낮잠을 주무시지 못할 정도로 업무가 급박하고 바쁘신가요?"

"아닙니다, 선생님. 바쁘지 않습니다. 다 안정적이라 회사 일은 잠깐만 보면 됩니다."

성공에 대한 대가가 크다. 불안 생존 시스템의 회전 속도가 떨어지는 것 자체도 불안감으로 다가온다. 연민과 이완을 받아들일 틈이 없는 것이다. 스트레스를 푼다는 것은 불안 생존 시스템의 속도를 늦추고 연민 이완 시스템의 나른함을 즐기는 것이다. 불안 생존 시스템만 맹렬히 돌아가는 삶은 쉽게 초조해지고 완벽주의에 빠질 우려가 크다. 세상을 제대로 즐기지를 못한다. 세상을 즐기기 위해 열심히 산 것인데 뇌의 상태가 세상을 전혀 즐길 수 없는 지경에 이르게 된다.

"어르신, 너무 열심히 사셔서 나른함이 불안으로 다가오는 겁니다. 나른함과 낮잠을 마음껏 즐기세요. 푹 즐기시다 보면 감성이 충전되고 낮잠이 줄면서 다시 산뜻하게 낮 시간을 즐길 수 있게 됩니다. 지금껏 열심히 에너지를 공급하느라 지친 감성 시스템을 따뜻하게 위로해 주셔야 해요. 나른함이 위로입니다. 스스로를 나태해긴다 책망하지 마세요. 고생했다 하며 위로해 주세요."

대화를 나누면서 어르신의 얼굴이 훨씬 편해진 것이 눈에 보였다. 정신없고 초조해 보였던 모습이 사라져 있었다. 약도 잘 먹고 걷기 운동도 조금씩 해 보겠다고 하니 필자의 마음이 뿌듯했다.

그러나 "한 달 후에 다시 뵙겠습니다, 어르신."이란 필자의 인사에 "네, 선생님. 그런데 두 달 후에 뵐 수 없을까요? 아침 출근 시간이 바빠서요."라며 또 바빠서라 답한다. 웃으며 한 달 후에 뵙자고 했다. 불안 생존 시스템은 끈덕지다. 머리로는 이해해도 마음이 움직이는 것은 쉽지 않다. 그래서 마음의 관리인 스트레스 관리가 어렵고, 스트레스의 대표적 생리 현상인 불면도 간단치 않은 것이다.

스트레스 관리는 마음 관리

'도'를 마음을 다스리는 것으로 규정한다면 스트레스 관리, 즉 스트레스를 해소하는 것은 도를 쌓는 것과 같다. 도와 반대되는 말이 매니지먼트 아닌가 싶다. 사태를 분석해 문제점을 찾아내고 이를 고쳐서 발전을 이루는 전략이 매니지먼트다. 이성의 힘이다. 이 강력한 이성의 힘, 매니지먼트가 없었다면 최근 100년 동안 이루어진 놀라운 산업, 기술, 문명 발달은 없었을 것이다. 그러나 이성적 통제 전략에 과도하게 치중하면서 마음을 다스리는 도의 기능은 퇴화해 버렸다.

퇴화라는 말이 정확한 것이, 있는 기능이었는데 쓰지 않다 보니 약해지고 상실되었기 때문이다. 감성은 언어 체계를 쓰지 않기에 이성의 주된 도구인 언어적 통제로는 다스릴 수 없다. 지치고 화난 마음은 통제하려 할수록 저항이 심해진다. 삶의 의미도 다 날려 버리고 비정상적인 판단으로 삶을 고되게 만들기 일쑤다.

마음 관리도 배우고 연습해야 하는가? 그렇다. 그러나 당장 필요하지 않기에, 또 마음 관리가 잘 되면 게을러지지는 않을까 하는 불안감에 마음 관리는 항상 뒷전이다. 「매트릭스」라는 영화를 보면 컴퓨터가 허구의 사이버 세상에서 인간의 사고와 감정을 조정하며 자신의 생존에 필요한 에너지를 얻어 낸다. 인간을 에너지원으로 사육하는 것이다. 우리가 속한 이 치열한 생존 경쟁 사회를 보면 비슷한 느낌을 받는다. 마음을 다스릴 시간도, 그것을 배울 여유도 없이 사회 유지와 발전을 위해 앞만 보고 달려가게 하는 듯하다.

열심히 사는 것 자체는 문제가 아니다. 열심히 사는 것은 좋은 일이다. 불안 생존 시스템은 꼭 필요한 시스템이다. 여유와 나른함에 불안과 공포를 느끼는 것이 문제다. 앞의 어르신처럼 70세에 경제적 여유를 충분히 가졌는데도 나른함의 행복에 오히려 불안함을 느끼는 것이 문제다.

필자 또한 불안감이 많은 사람이었다. 불면증도 있었다. 다른 사람의 불안을 치료하며 불안을 연구하고 스스로 마음 관리를 위해 노력했다. 지금은 과거보다 훨씬 편안하다. 기업 강연에 가서 "전 이제 웬만하면 불안하지 않습니다."라고 말하면 모두가 눈이 똥그래진다. 다들 불안하다는 이야기다.

패널로 출연하고 있는 프로그램 생방송에 가려고 이른 아침에 차를 몰고 여의도로 향할 때였다. 신호에 차가 멈추자 따뜻한 햇살에 잠시 몸을 맡기고 그 햇살이 주는 나른함을 즐겼다. 마치 해가 나를 사랑해 주는 느낌이 들어 행복했다. 프로그램에서 이 경험을 이야기하니 사람들 반응이 살짝 미친 것 아닌가 하는 표정이었다. 다른 출연자는 웃으면서 "선생님, 그거 좀 이상한 것 아니에요?"라 했다. 그래도 기분은 좋았다.

황금만능주의 사회가 문제라 한다. 문제는 황금이 아니다. 황금을 제대로 즐길 수 있는 마음 관리가 되지 못하는 것이 문제다. 그리고 마음 관리가 잘될수록 필요한 황금의 양이 훨씬 줄어든다.

마음속 이야기
터놓고 할
친구가 없어요

우정 자산은 최고의 노후 포트폴리오

성공할수록 외로워진다

한국에 와 있는 프랑스인 환자가 해 준 이야기인데, 프랑스에는 정신과 의사가 세 종류 있다고 한다. 약물 치료만 하는 정신과 의사, 심각한 정신 병리를 심리 치료 하는 의사, 그리고 그냥 일상적인 삶의 고민을 들어 주고 조언해 주는 정신과 의사다. 그도 마음에 괴로운 것이 있으면 찾아가 속 이야기를 마구 털이놓는다고 했다. 후련할 때도 있고 어떤 때는 에너지를 너무 써서 카페에 혼자 앉아 쉬다가 집에 가기도 한단다.

이야기를 듣고 두 가지 느낌이 들었는데 일단 부러웠다. 몇 년 전 신경정신의학회가 '신경정신과'라는 명칭을 '정신건강 의학과'로 바꾸었다. 보다 많은 사람이 정신과 의사를 편하게 찾아왔으면 하는 바람이 담긴 것인데 아직 벽이 높은 것이 사실이다. 편하게 만나기가 서로 쉽지 않다.

두 번째는 슬픈 느낌이었다. 프랑스처럼 문화와 철학이 발달한 나라에서도 속 이야기를 털어놓는 데 전문가를 이용한다는 게 자연적인 공감 시스템에 장애가 온 것은 아닌지, 혹은 현재 인류 운영 소프트웨어에 문제가 있는 것은 아닌지 싶었다.

"마음속 이야기 터놓고 이야기할 친구 있으세요?"

이 질문에 의외로 많은 사람들이 없다고 답한다. 사회적 지위와 반비례하는 경향도 보이는데 성취가 많은 사람일수록 친구에 목 말라 한다.

"친구 만들기가 힘들어요. 돈이든 청탁이든 다들 저에게 뭔가를 요구해요. 한두 번은 모르겠는데 반복되다 보면 만나기가 싫어져요."

"후배들이 절 어려워해요. 전 터놓고 이야기하고 싶은데 저를 피해요."

"맘에 드는 사람이 별로 없어요. 이래저래 다 거르다 보면 주변에 아무도 없어요."

세상은 노력해서 더 높은 사회적 지위를 가지라 하는데, 그래야 행복하다 하는데 희한하게도 그 말대로 노력해서 사회적 지위가 올라가면 더 외로워진다.

에피쿠로스는 고대 그리스 시대의 철학자다. 쾌락의 철학자로 불려서일까, 에피큐리언(epicurean)이란 형용사는 '쾌락주의이', '향락주의'란 뜻으로 쓰인다《에피큐리언 라이프》라는 영국 잡지도 있는데 부유층을 대상으로 한 명품, 요트, 스파, 리조트 등을 소개하는 잡지라 하니 자기 이름이 '럭셔리'의 대명사로 팔리고 있는 것을 에피쿠로스가 어떻게 생각할지 모르겠다.

실제 그의 삶과 철학은 '에피큐리언 라이프'와는 차이가 있었다. "결핍에서 오는 고통만 제거된다면 검소하기 짝이 없는 음식도 호화로운 식탁 못지않은 쾌락을 제공한다."라는 말을 남기기도 한 에피쿠로스는 정원에서 직접 재배한 채소로 식사를 했으며 생각을 함께하는 이들과 검소하나 감성적인 쾌락을 공유하며 공동체 생활을 했다. 그가 최고의 쾌락으로 뽑은 것은 명품도 아니고 성적 쾌락도 아닌 우정이었다. 우정을 인간이 즐길 수 있는 쾌락의 절정이라 했다 하니, 역사적으로 이름을 남긴 '쾌락 전문가'가 내놓은 답치고는 다소 식상하고 심심해 보이기도 한다.

에피쿠로스는 한 인간이 일생을 행복하게 살기 위해 지혜가 제공하는 것 중에서 가장 위대한 것은 우정이라고 했다. 타임머신이 있다면 에피쿠로스의 정원에 가서 그가 말한 우정의 실체를 경험하고 싶다.

"무엇인가를 먹거나 마시기 전에, 무엇을 먹고 마실지보다는 누구와 먹고 마실지를 신중하게 고려하라. 왜냐하면 친구 없이 식사를 하는 것은 사자나 늑대의 삶과 다름없기 때문이다."

에피쿠로스의 말에 전적으로 동의한다. 무엇을 먹는가보다 누구와 먹는가가 중요하다. 홀로 맛있는 음식점을 찾아다니는 외로운 미식가는 더 이상 멋스럽지 않다.

친구 만들기는 우리 인생에 매우 중요한 과제다. 특히 요즘 같은 고령화 사회에서는 더하다. 그러나 우리는 일과 가정을 핑계로 친구 만들기에 소홀하다. 특히 무한 경쟁, 속도 중심 세상은 이해관계 없는 친구와의 만남을 우선순위에서 밀어내고 만남의 대부분을 유무형의 이득을 주고 받는 갑을 관계의 비즈니스 미팅으로 채운다. 나의 사회적 지위와 상대방의 사회적 지위가 중심이 되는 만남에서 진정한 우정은 만들어지지 않는다.

우정은 친구와 정을 나누는 것이다. 정을 나누면 서로에게 위안이 되며 솔직할 수 있다. 반대로 내가 솔직할 수 있는 사람, 함께 있을 때 위로가 되는 사람은 내게 친구이고 둘 사이에 우정이 있는 것이다. 여러분에게는 몇 명의 친구가 있고 한 달에 몇 번이나 우정을 나누는 시간을 가지는가

친구 만들기의 시작은 좋은 친구를 선택하는 것이다. 자신의 사회적 지위를 거들먹거리며 내세우지 않고 소탈한 사람이 좋다. '너도 잘나가냐, 나도 내 분야에서는 최고야' 식의 만남은 폼 나고 호탕한 듯하나 인생의 경사가 내리막으로 접어드는 순간 우정의 기능을 전혀 발휘하지 못한다. 너무 한쪽만 자기 이야기를 하는 것도 좋지 않다. 서로 비밀을 공유하고 위로하는 상호보완적인 만남을 가질 때 신뢰가 쌓여 우정이 깊이 숙성된다. 서로 체면의 옷을 벗고 만날 수 있어야 한다.

최소한 일주일에 한 번은 우정을 쌓는 만남을 가지길 권한

120

다. 우정도 만들어 가는 것이다. 원한다고 마술처럼 갑자기 나타나는 것이 아니라 상당한 노력과 시간이 필요한 과정이다.

더불어 3차원 우정을 만들어 가기 권한다. 여기서 3차원이란 선배, 동기뿐만 아니라 나이 어린 사람과 우정을 쌓는 것을 이야기한다. 어린 친구와의 우정은 고령화 사회에서 행복할 수 있는 큰 자산이 된다. 쉰 살에 서른 살 친구는 어린 것 같지만 그들과 친구가 되면 일흔 살에 쉰 살 친구를 둘 수 있다. 노후 포트폴리오에 우정이라는 자산을 잘 심어 넣는 것을 잊지 말아야 한다. 특히나 자녀는 꼭 나의 친구로 만들어야 한다. 좋은 대학 보내는 것보다 중요한 일이다.

여자의 우정을 배우자

30대 중반 여성이 필자를 찾아왔다. 가방 디자인이 독특했다. 상담자의 본능(?)으로 "가방이 특별하신데요."라고 관심을 보이자 여성은 우정 어린 눈빛을 보내며 "어머, 가방에 관심이 많으신가 봐요. 사실 이거 어제 산 봄여름 신상이에요."라 한다. 조금 아는 체하며 "아, 그렇군요. 외국에서 사셨나요?"라 물으니 "아니요, 전 그냥 한국에서 쇼핑해요. 세관 들어올 때

찝찝하고 싶어요."라며 한참을 이야기한다. 가벼운 우울 증상으로 방문했는데 가방 이야기가 항우울제 효과가 있었는지 우울증 이야기는 별로 하지 않고 기분 좋게 돌아갔다.

또 한번은 자살을 시도한 적까지 있는 훨씬 심각한 우울증을 가진 20대 후반 여성이 방문했다. 이번에도 그녀가 들고 온 가방에 관심을 보였다. "좋은 가방을 가지고 계시네요."라는 필자의 말에 "어머, 이런 데 관심 있으신가 봐요." 하며 갑자기 얼굴이 밝아지더니 미국 유학 시절 쇼핑했던 이야기를 했다. 이후 계속 진료를 진행하며 상태가 좋아지고 있다.

의사가 꺼내는 가방 이야기를 자신에 대한 관심으로 여기는 걸까, 아니면 자기만의 고민에서 잠시 빠져나와 일상의 행복으로 귀환한 걸까? '남자가 여자 가방에나 관심 가지는 것은 창피한 일'이라는 저항감을 상쇄할 만큼 여자는 가방에 대한 자신의 관심을 귀중하게 생각하는 것 같고 그래서 여성과 가방 이야기를 하는 것은 치료 효과가 꽤 크다. 왜 그럴까?

'남자의 우정은 진하다.'

이 통설, 남자들은 믿고 산다. 우정은 남자들만의 고유 브랜드인 양 우정 인에서 마음껏 술에 취하고 때로는 일탈도 하며 자신들만의 영웅담을 자랑한다. 아주 사소한 것, 예를 들어 같은 고등학교를 졸업했다는 사실에 서로를 동일시하고 세상이라는 정글에서 일과 사랑을 멋지게 쟁취하자 외치며 건배한다.

그런데 가만히 들여다보면 우정이란 감정만 있을 뿐 서로의 마음에 대한 깊이 있는 이해는 없다. 그래서 종종 이런 말을 하게 된다.

"그 친구 항상 쾌활하고 자신감 있어 보이던데, 갑자기 파산이라니······. 어떻게 된 거야?"

"아니, 그 친구가 이혼했다고? 내색도 없던데."

남자들은 자신의 좋은 점만을 보이고 싶어 한다. 친구들에게 내가 일과 사랑에서 1등이라 자랑하고 싶어 한다. 진화심리학적으로 수컷이란 본능에 기인한, 순위에 대한 집착이다. 그러나 우정 안에 서열이 느껴지는 순간 그 우정은 더 이상 존재하기 어렵다.

가슴속에 숨겨 놓은 상실과 상처는 친구가 아닌 모성에게 위로받고자 애쓴다. 한껏 멋을 부려 여자를 유혹하나, 정말 하고 싶은 말은 자신의 상처이고 받고 싶은 말은 위로의 한마디다. 남자들이 여자들에게 듣고 싶은 위로의 말은 "네가 세상에서 제일 멋지다."이다.

남자의 사랑과 우정에는 속도와 즉각적인 반응성이 있으나 상대방에 대한 관찰이 결여되어 있다. 여자의 우정은 수동식 필름 카메라처럼 아날로그적이다. 세심한 관찰이 동반된다. 아주 친밀하지는 않은 사람에게도 머리 모양, 화장, 옷 등 스타일과 매너, 성격, 가족, 일과 사랑 등 모든 정보를 갖고자 본능적으로 차분하게 셔터를 누른다. 자동 초점에 연사도 되며 수천 장을 찍을 수 있는 최신 DSLR 카메라를 자랑하느라 서로 눈빛조차 잘 교환하기 않는 남자들의 우정과는 차이가 있다. '우린 최신 기종 카메라를 가진 최고의 멋진 친구'라는 동질감에서 비롯한 우정은 있지만.

여자들은 스타일과 외모에 대한 대화를 통해 서로의 속마음을 관찰하고 싶어 한다. 그리고 공감의 양을 하루하루 축적해 나가며 우정을 쌓아 간다. 남자들은 우정이 깨졌다고 해서 연인과 헤어질 때처럼 가슴이 찢어지는 듯한 감성적 고통을 느끼지는 않는다. 그러나 여성의 경우 우정이 깨지면 이성과의 이별 이상으로 상실감을 느낄 수 있다. 서로를 세심하게 관찰해 주던 미학적 존재를 상실했기 때문이고 서로를 연결해 주던 모성애에 결손이 발생하기 때문이다.

여성의 우정은 순위나 서열과 상관없이 오랫동안 지속될 수 있다. 그렇게 친구가 많아 보이던 남성은 오히려 나이가 들수록 친구가 없어지고 외로워진다. 권력을 위해 관계를 활용했기에 권력이 사라질수록 우정이 줄어든다. 여성은 노년에도 친구 관계가 줄지 않고 더 풍성해지는 경우가 많다.

정신 건강 측면에서 우정의 기능을 정의한다면 '공감하며 위로하는 사이'라 할 수 있다. 말의 위로가 아닌, 정서적 위로를 나누는 사이인 것이다. 자살은 삶의 위로를 전혀 받을 수 없는 상황에서 일어나는 마지막 행동 증상이다. 노년기 자살률을 살펴보면 남자가 여자보다 뚜렷이 높다. 외톨이인 것이다.

여자의 우정이 없었다면 인류가 존재하고 있을까. 마치 영화 「매트릭스」처럼 여성들의 공감 네트워크 안에 남자들이 기대어 쉬고 있는 형국이라는 생각이 든다. 여자의 우정은 잔잔하고 조용하나 깊은 관찰이 동반된 미학적, 정서적 교류다. 남자들이여, 나이 들어 행복하려면 미리미리 여성들의 공감 우정을 배워야 한다.

" 배우자가
너무 섭섭하게 해요

잉꼬부부 되는 법

결혼하면 다 똑같다?

우리 사회에는 가정에 대한 버릴 수 없는 환상이 있다. 그곳은 우리가 지치면 쉴 수 있는 마지막 안식처라는 환상 말이다. 그러나 공감과 연민으로 위로를 나누는 부부도 생존을 위해 열심히 달리다 보면 서로를 바라보는 시간은 줄어들고 서먹한 사이가 되기 일쑤다. 사랑하는 남녀에서 자녀를 양육하기 위한 '엄마 아빠 동호회'가 되는 듯한 느낌마저 들게 된다.

"다시 태어나셔도 지금 배우자와 결혼하시겠어요?"

얼마 전 60세 이상 여성 180여 명을 대상으로 강의하면서 이런 질문을 던진 적이 있다. 단 한 명만 번쩍 손을 들었다. 서 글펐지만 그나마 한 사람이라도 있어서 다행이다 생각했다. 그 런데 이상하게도 이 여성은 무슨 질문을 해도 계속 손을 들었 다. 나중에 잠시 이야기를 나누어 보니 치매기가 있었다. '맨 정신으로는 우리 남자를 다시 선택할 여인은 없단 말인가.' 서 글픈 느낌에 인생은 정말 비극이구나 하는 생각마저 들었다.

사람의 심리를 연구하는 의사로서 많은 여성과 상담하며 확인한 것 중 하나는 '모성애 엔진'의 양면이다. 모성은 우리가 사는 사회 체제를 유지하는 가장 강력한 에너지원인 동시에 여 성의 삶을 어렵고 후회스럽게 만드는 요인이기 때문이다.

이 엔진은 여성이 배우자를 찾기 시작할 때 작동을 개시한 다. 섹시하고 멋진 이상형을 뒤로하고 경제적으로 안정적인 환 경을 줄 수 있는 남자를 선택하게 한다. 특히 나이를 더 먹으면 결혼 적령기를 놓칠지 모른다는 초조함에 모성 엔진이 더 몰아 붙인다. '누구와 하든 결혼하면 다 비슷하다, 성실한 남자 만나 아이 낳고 서로 맞추고 살면 된다.'라며.

그러나 결혼하면 다 비슷하다는 말은 거짓 상식이다. 결혼 후 행복은 누구와 하느냐가 90퍼센트를 좌우한다.

"나도 내 인생을 좀 살아 봐야 하지 않겠어요? 아내로서 남편 뒷바라지하고 엄마로서 자녀들 보살피다 보니 나 자신이 없어진 느낌이에요."

황혼 이혼을 준비하고 있는 60대 초반의 여성은 이렇게 말했다. 음식점이든 커피 전문점이든 자녀를 둔 여성이 여러 명 모인 곳에 가 보면 거의 100퍼센트, 처음부터 끝까지 자녀 이야기밖에 하지 않는다. 자기 이야기는 없다. 모성 엔진이 아이와 엄마의 자아를 완전히 하나로 합쳐 버린 모양새다.

문제는 멈추지 않을 것 같은 이 고성능 엔진이 언젠가는 멈춘다는 것이다. 그러면 '나는 누구인가, 내가 이룬 것은 무엇이며 나는 무엇을 위해 살았는가' 하는 본질적, 철학적 고민이 '개성'이라는 엔진에서 생산되기 시작한다.

모성 엔진은 개성을 누르고 엄마라는 이름의 정체성으로 삶을 이끌고 간다. 인류 생존에 핵심적이고 숭고한 에너지이나 내 이름 석 자의 차별성은 잊게 한다. 사람이 가진 큰 욕망 중 하나가 바로 다름, 구별됨에 대한 갈망이다. 나만의 개성적인 정체성을 갖고 싶은 열망이다. 인생의 비극은 모성 엔진에 눌려 있던 개성 엔진이 황혼에 이르러 다시 스위치가 켜진다는 것이다. 내가 없어져 버린 듯한 인생에 대한 후회와 외로움이 모성의 빈자리에 스며든다. 최근 보이는 출산율 저하 현상은 어쩌면 자기 희생적 모성에 대한 개성의 강력한 저항은 아닐까.

모성과 개성 중 어느 것이 더 중요하냐는 식의 접근은 좋은 해결책이 될 수 없다. 모성과 개성 모두 신체적 하드웨어와 심리적 소프트웨어에 깊이 박혀 있는 핵심 엔진이기 때문이다. 둘 중 하나를 포기할 수 없다. 인생의 비극을 최소화하려면 조화와 균형의 전략이 요구된다.

우선 결혼을 준비하는 당사자와 부모 모두 '결혼 적령기'라는 부담에서 벗어나야 한다. 모성에 너무 사로잡히면 시간에 쫓겨 내 개성을 만족시키는 배우자를 못 얻기 쉽다. 나와 잘 맞는 배우자가 있다. 그것을 알기 위해서는 연애 경험도 어느 정도 쌓아야 하고 이성에 대해 직간접적으로 공부도 해야 한다. 사랑의 감정은 생물학적으로 자동 생성된다. 하지만 나와 잘 맞는 좋은 배우자를 볼 수 있는 눈, 나와 너무나 다른 이성에 대한 이해와 교감 능력은 후천적으로 얻어지는 감성 지식이고 기술이다. 좋은 직장을 얻기 위해 노력하듯 '사랑 비즈니스'에도 시간과 노력을 투자해야 한다. 결혼 후 다가올 미래를 대비하는 모성 엔진을 잠시 누르고 개성 엔진이 힘을 발휘하도록 사회 통념에 저항하는 뚝심도 필요하다.

한 지인이 인기 개그 프로그램의 '애정남(애매한 것을 정하는 남자)'처럼 아주머니와 아가씨를 감별하는 기준을 들려줬다. 둘을 가르는 기준은 수다 자체가 목적이냐, 아니냐에 달려 있단다. 아주머니는 대화 내용보다는 수다를 실컷 하면 그 자체로 만족하고 뿌듯해한다는 것이다. 만족감의 근원이 모성애적 동질감이라는 이야기인데 씁쓸한 면도 있다.

인생의 성공 여부는 균형 감각에 달려 있다. 우리 내면, 그리고 사회 안에 존재하는 양극의 가치와 에너지를 잘 조화시켜야 한다. 니체는 『비극의 탄생』에서 이성, 그리고 쾌락과 감성의 적절한 조합이 진정한 예술이라고 했다. 인생도 마찬가지다. 개성과 모성, 어느 하나만 좇을 것이 아니라 상호 보완적인 시너지 모델로 삼을 때 인생의 비극이 줄어들 것이다.

남자와 여자는 심리적 이종

일단 자신과 잘 맞는 배우자와 결혼해야 한다. 그리고 모성이라는 거대하고 아름다운 힘에 대해 적절히 완급을 조절해야 한다. 여기서 한 가지 더, 남녀는 인간이라는 한 테두리 안에 있지만 감성 시스템 측면에선 개와 고양이보다 먼 '심리적 이종(異種)'이라는 이해가 필요하다. 다름을 인정할 때 공감의 기회가 주어진다.

스위스 작가 알랭 드 보통의 소설 『우리는 사랑일까』에 이런 얘기가 나온다. 주인공 앨리스는 연인인 에릭과 소파에 나란히 누워 그의 손가락을 만지작거리며 말한다.

"당신이랑 이렇게 있으면 정말 편안해요."

에릭은 이렇게 되묻는다.

"오늘 저녁 몇 시에 본드 영화를 하지?"

여자의 부름에 제대로 응답하지 못하는 남자의 호응 결여증이 여실히 드러나는 대목이다. 아내들의 고민을 들어 보면 대부분 남편의 이런 호응 결여증에 대한 호소다. 결혼 3년 차 주부가 비슷한 사연을 보냈다.

"신랑의 행동이 섭섭할 때가 많아요. 떡볶이 좀 사다 달랬

더니 '어제 먹었는데 뭘 또 먹어.'라는 거예요."

남자들은 대체로 떡볶이 가지고 유치하게 왜 그러느냐고들 하지만 이 여성에게는 결혼 자체에 회의를 느낄 정도로 엄청난 고민이다.

이쯤 되면 정신의학자도 고민하지 않을 수 없다. 인류의 종족 보존(?)을 위협하는 이 문제를 어떻게 풀어야 할 것인가. 세상에는 평범한 우리를 '실패한 커플'로 보이게 하는 '잉꼬부부'들이 있다. 하지만 그들이 비정상인 건 아닐까? 잉꼬부부가 자연스러운 현상이라면 주위가 잉꼬부부로 가득해야 할 텐데 실상은 그렇지 않다. 개와 고양이가 서로를 아껴 주는 건 텔레비전 프로그램에 소개될 정도로 특이한 일이다. 남자와 여자는 개와 고양이 이상으로 감성 메커니즘이 다른 게 아닐까?

남녀의 스트레스 반응 차이에 대한 한 연구는 의미 있는 힌트를 준다. 연구자는 실험 참가자들에게 두 가지 스트레스 자극을 줬다. 하나는 수학 문제를 풀어 그 점수대로 등수를 매기는 것이고, 다른 하나는 역할극에서 상대방에게 거절당하는 장면을 연기하는 것이었다.

연구 결과 남자는 순위를 매기는 시험에 심한 스트레스 반응을 보인 반면, 여자는 거절당하는 경험에 심한 스트레스 반응을 보였다. 쉽게 말해 서로의 아킬레스건이 다른 것이다. 그런데 우리는 배우자가 나와 같은 시스템을 가졌을 거라고 추측하며 살아간다. 서로에게 섭섭한 감정이 안 생길 수 없다.

일반적으로 여성은 관계 유지를 위해 권력을 활용하고, 남성은 권력의 순위를 올리기 위해 관계를 활용한다. 이런 차이는 태어나면서부터 나타나 사춘기 때 분명하게 자리 잡는다. 실제 남성들로만 이뤄진 단체는 서열 갈등 때문에 지속성이 상당히 떨어지는 반면, 여성만으로 이뤄진 단체는 오랜 역사를 유지하는 경우가 많다.

진화심리학의 관점에서 살펴보자. 수렵 시대에 남자는 종족 안에서 서열이 높아야 여자를 얻고 2세를 낳아 자신의 유전자를 남길 수 있었다. 반면 여자는 남자들이 사냥과 전쟁을 위해 마을을 비운 동안 자신과 아이들을 지키려면 다른 여성들과의 협력이 필수적이었다. 네트워킹이 곧 생존이었다는 뜻이다. 이런 오랜 역사가 남녀의 다른 감성 메커니즘을 낳은 것이다. 얼핏 완벽해 보이는 '남자다운 남자'와 '여자다운 여자'가 만나면 감성적 충돌이 끊이지 않는 이유다.

떡볶이를 사다 달라는 아내의 말은 '당신, 언제나 내 편이지?'를 확인하려는 질문이다. 하지만 이런 질문을 받은 남편은 자신의 남성적 매력 등수가 떨어진다고 느낀다. 그래서 "내가 매일 떡볶이나 사다 주는 남자로 보이냐."라며 쏘아붙이게 된다. 아내가 원한 정답은 "당신이 원하면 눈이 오나 비가 오나 사다 줄게."다. 이 말을 들은 아내는 다음 날부터 떡볶이 심부름을 시키지 않을 확률이 높다.

그렇다면 잉꼬부부는 대체 어떻게 탄생하는 것일까. 유형은 세 가지다.

첫 번째는 실제론 갈등이 많은데 아내는 감정을 찍어 누르고 남편은 '우리 부부가 최고'라고 자랑하는 경우다. 이런 관계는 여성 화병의 대표적인 원인이 된다.

두 번째는 남편이 여성적 성향을 보이는 경우다. 이런 부부는 둘 사이에선 매우 강한 결속력을 보이지만 자기 가족만 생각하고 다른 사람들에게는 이기적으로 행동하는 경우가 많다.(반대로 아내가 남성적 성향이 큰 경우에는 잉꼬부부가 되기 어렵다. 두 사람이 서열을 놓고 경쟁을 벌이기 때문이다.)

세 번째는 치열한 전투 끝에 서로가 차이를 인정하고 상대를 배려하는 경우다. 아픈 만큼 성숙해지는 유형이라고 할 수 있다. 가장 좋은 잉꼬부부의 유형이기도 하다.

남녀의 갈등은 서로의 단점을 보완해 인류를 지탱해 왔다. 남녀의 감성 메커니즘이 똑같았다면 인류가 멸종할 수도 있었다는 얘기다. 남자들이여, 아내의 투정을 당신과 함께하고 싶다는 사랑의 메시지로 받아들여라. 여자들이여, 배 나온 남편에게 당신이 최고로 멋있다고 칭찬해 보라. 이게 진짜 잉꼬부부가 되는 비법이다.

바쁘면
내려오지 마라

시월드의 심리학

문자 소통과 맥락 소통

36세 여성 L 씨, 백화점 기획 부서에서 근무 중이다.

"작은 일에도 심장이 벌렁벌렁 뛰고, 갑자기 기운이 팍 가라앉고 불편해요. 잠을 깊이 들지 못하고 여러 번 깨다 보니 낮에도 피곤해요. (……) 애 아빠를 대학교 1학년 때 만나서 졸업하자마자 결혼했어요. 지금 초등학교 5학년인 아들이 하나 있고요. 결혼할 때 제 집 형편이 어려워서인지 시어머니가 반대

했어요. 결혼하고 나서도 시집에 사는 3년 동안 직장 생활 하랴 시어머니 눈치 보랴 힘들었고요. 아들 초등학교 들어갈 때 어렵사리 분가해서 전보다 편하긴 한데 아직도 전화가 오거나, 명절이나 집안 행사 때 얼굴 뵙게 되면 심장이 뛰고 정신이 아득해요. 시어머니 잘 모시겠다고 모시는데도 좋은 소리 못 듣고, 남편에게 하소연해도 남편은 들은 척도 안 하고 어머니 얘기만 나오면 한마디로 알아서 하라고 하니……."

화병(Hwa-byung)은 우리말 발음 그대로 미국정신과협회에 문화 관련 증후군으로 등록된 스트레스 장애다. 문화 관련 증후군이란 우리나라의 독특한 문화심리적 특성을 반영했다는 것인데, 화병 하면 그려지는 전형적인 주인공은 시집살이하는 며느리다. 시집살이의 한이랄까, 서운함과 억울함이 표현되지 못하고 분노 에너지로 꾹꾹 차오르다 보면 마음의 속상함이 몸으로 표현되어 두통, 소화 장애, 심장 두근거림, 수면 장애 등 신체 증상이 심하게 나타난다.

어르신들은 요즘 시집살이가 시집살이냐 말씀하시나 '시월드' 콘텐츠는 시간이 지나도 여전히 대세다. 변한 것이 있다면 과거에는 쉬쉬하는 금기의 콘텐츠였는데 이제는 시어머니와 며느리가 텔레비전 프로그램에 동반 출연해 막말 토크를 한다는 점이 다를 뿐이다.

'바쁘면 내려오지 마라.'

필자가 패널로 참석한 아침 방송의 주제였다. 문자 그대로 해석하면 명절 때 바쁘면 내려오지 말라며 직장 생활 하느라 바쁜 며느리에게 시어머니가 공감 어린 멘트를 보내신 것인데, 곧이곧대로 행하면 시월드의 미움을 사게 된다.

커뮤니케이션에는 두 종류가 있으니 하나는 문자 그대로의 소통이고 다른 하나는 맥락을 읽는 소통이다. 회사의 대표 '시'이오(CEO)와 시월드의 대표 '시'어머니는 공통점이 많은데 그중 하나가 맥락 소통을 즐겨 사용한다는 것이다.(권력자들일수록 그렇다.)

회사에 업무상 손해를 입힌 김 부장, CEO의 호출이 내려오자 혼날 각오를 단단히 하고 간다. 그런데 CEO의 첫마디가 예상외다.

"오늘 바빠?"

김 부장은 오늘 오랜만에 친한 친구들과 약속이 있다. 본인이 회사 사정으로 여러 번 미루었기에 또 미룰 수 없는 상황.

138

선약이 있다는 말이 목구멍까지 차오르는데 꾹 참고 말한다.

"선약이 있습니다만 취소하겠습니다."

CEO의 얼굴이 밝아진다.

"오늘 김 사장과 약속이 있는데 같이 나가자고. 아, 그리고 영업에서 손해가 났다며. 보고받았네. 다음부터는 이런 실수하지 말고."

아마도 바쁘다고 대답했으면 야단맞느라 진짜 바빠졌을 상황이다.

시어머니는 인정받고 싶다

CEO와 시어머니가 맥락 소통을 즐겨 사용하는 것은 조직을 위한 희생의 대가를 심리적으로 보상받을 때 그 효과를 높이고자 하는 마음이 깔려 있다. "아무리 바빠도 이번 명절에는 꼭 내려와."라는 명령에 반응해 내려온 며느리보다는 "바쁘면 내려오지 마라."라며 생각해 주는 말에도 그럴 수 없다며 내려온 며느리의 행동이 감성적으로 훨씬 큰 보상을 일으키기 때문이다. 직접적인 '엎드려 절 받기'는 감동이 덜하다. 회사나 가정에서 윗사람의 맥락 소통을 잘 이해하지 못하는 직원이나 며느리는 인정받기 어렵다.

자리가 사람을 만든다는 말처럼 CEO나 시어머니가 되면 개인보다 조직을 우선하게 된다. 시어머니에게 며느리는 가족이라는 조직을 더 번성하게 하고 발전시키는 역할을 담당할 부하 직원이나 다름없다. 그렇다면 아들은? 조직의 상품이다. 나는 너를 딸처럼 생각한다는 시어머니의 말은 주인 의식을 가지라는 CEO의 말과 같다. 맥락을 고려해 해석하면 '너는 이제 이 조직을 네 조직이라 생각하고 소중한 상품인 네 남편의 번영을 위해 노력하고 희생하라. 그리고 이 조직의 지속 경영을 위해 차세대 상품, 손주를 생산하라.'란 내용 아닐까 싶은데, 며느리로서는 기가 막힐 노릇이다.

그러나 고부 갈등도 엄마라는 역할에 지쳐서, 감성 에너지가 소진된 상태에서 나오는 반응이다. 내리사랑은 감성 비즈니스 측면에선 밑지는 장사일 수밖에 없다. 아무리 효자라고 해도 부모에게 받은 사랑의 반의반도 감성적 보상으로 되돌려 주기 어렵다. '어디서 젊은 년이 툭 튀어 나와 내 아들을 빼앗아 갔다.'란 이야기를 토크 프로그램에 참여하면 쉽게 들을 수 있다. 그 어르신들, 인격적으로 이상한 사람이 아니다. 엄마의 섭섭한 마음은 인격이 미숙해서가 아니라 소진 증후군에 따르는 자연스러운 반응인 것이다.

아들이 취직하고 젊은 여자 만나 떠나고 나니 삶이 허무해진다. 잘못 살았다는 생각까지 든다. 내 이름 석 자의 가치는 무엇인가 하는 정체성의 혼란마저 든다. 자신의 내면적 문제를 외부의 탓으로 돌리는 것은 인간의 매우 일반적인 심리 반응이다. 모든 문제는 나에게 있다는 마음은 상당한 성숙과 숙고 후에 가능한 일이다. 일차적으로 남에게 탓을 돌린다. 내가 소중하기에 일어나는 방어 반응이다.

시어머니가 며느리를 탓하는 것은 자신의 허무감을 며느리 탓으로 돌리려는 심리 반응이다. 시어머니의 마음속 무의식을 대변하면 '며늘아기야, 이해해 다오. 네 탓으로 돌리지 않으면 내 삶이 너무 허무하게 느껴지고 모든 것이 내 문제가 되어 견딜 수가 없구나.'가 아닐까 싶다.

CEO와 시어머니는 부하 직원과 며느리의 희생을 강요하지만 스스로도 자신과 조직을 동일시하느라 감성을 희생한다. 희생이 크기에 보상 심리도 커진다. 회식은 직원들의 감성 스트레스를 풀어 주는 대표적인 자리다. 그러나 스트레스 요인 설문지를 돌려 보면 일보다 회식이 더 스트레스라는 결과가 나온다. 왜 그럴까.

모든 회식에 꼭 참석하는 CEO들이 있다. 바쁘지만 자신이 꼭 가서 술도 한잔 주고 직접 위로해 주어야 한다는 사명감을 이야기한다. 그러나 회식에 참석하는 CEO의 심리에는 자신이 정상에 오를 때까지 고생한 마음을 보상받고자 하는 마음이 꽉 차 있다. 일만 열심히 하는 부하 직원보다 회식에서 '상황에 적절한 고급 아부'를 잘 날려 CEO의 기분을 좋게 하는 직원이 더 사랑받고 승진도 잘 하는 경우가 허다하다. 이런 사람들이 성과도 좋을 수 있는데, 회사 일이라는 것이 CEO가 믿어 주고 밀어주어야 진행되지 않겠는가.

시어머니에게 명절과 집안 행사는 회사의 회식과 동일한 것이다. 명절날 제일 고운 한복을 멋스럽게 차려 입은 시어머니를 보고 며느리들은 왜 불편하게 저러고 계시나 싶겠지만, 시어머니 입장에서 명절과 행사는 자신의 희생을 보상받는 자리고 여주인공의 자리다.

"어머니, 차례도 지냈는데 편히 갈아입으세요."라 하는 며느리는 좋은 말 하고도 미움받는다. 며느리들 힘들다며 혼자 음식 다 하고 식사 마칠 때쯤에야 손에 신경통이 생겼다 하는 시어머니에게 "어머니, 죄송해요. 다음부터 저희가 할게요. 이제 쉬세요."란 반응도 오답이다. 용돈이 든 흰 봉투가 정답이다. 물론 "어머니, 저희 보살피시느라 정말 고생 많으셨어요. 변변치 않지만 앞으로도 저희 계속 보살펴 주세요."란 말도 빼놓지 않고.

시월드가 주는 화병은 어찌 보면 문자 소통과 맥락 소통이 마찰을 일으킨 커뮤니케이션 장애다. 과거의 며느리는 오늘의 시어머니이기에 시월드에서 일어나는 따가운 마찰은 앞으로도 없어지지 않을 것이다. 피할 수 없다면 적극적인 반응이 최선이다. 한 타이밍 빠른, 희생에 대한 감사가 효과적인 시월드 대응 전략이다.

"딸이 저더러
속물이래요

자녀와 친구가 되는 법

자식 잘되는 게 내 인생의 목표인 한국인

20대 후반 미혼 남성이 연애도 싫고 일도 싫다며 찾아왔다. 건장하고 잘생긴 청년인데 한창 일하고 놀 나이에 심각한 심리적 회피 증상을 보였다. 이야기를 들어 보니 자수성가해서 회사를 키운 부친을 대하기가 너무 힘들다는 것이다. 끊임없이 확인하고 야단치니 아버지가 자신을 믿지 못하고 심지어 무시한다는 느낌마저 들어 괴롭다고 했다. 아버지 얼굴만 봐도 불안하고 기분이 좋지 않아 도망쳐 다니나, 그만둘 수도 없는 회사의 대표이자 얼굴 맞대고 사는 집의 부친이니 미치겠다고 했다.

그런데 가만히 듣다 보니 아버지도 필자가 만나 본 사람이었다. 아버지는 아들이 자신의 시행착오를 반복하지 않고 좋은 경영자가 되길 바라는데 아들의 태도가 마음에 들지 않는다며 오히려 괴로움을 호소했다.

우리나라 부모처럼 자녀를 위해 희생하는 부모도 없다. 나이 들어 자식이 자신을 멀리하거나 섭섭하게 하면 거기서 느끼는 서러움의 정도가 인생을 헛살았다고 여기는 수준이다.

부모 중에 나쁜 부모가 되고 싶어 하는 사람이 있을까. 그러나 임상 현장에서 보면 자식들은 부모로 인해 힘들어하고 부모들도 자신이 좋은 부모인지 회의를 가지는 경우가 허다하다. 자신은 좋은 부모인 줄 아나 자식의 평가는 영 아닌 경우 또한 적지 않다. 필자도 좋은 부모가 된다는 것이 '부자가 바늘귀 통과해 천국 가는 것' 이상으로 어렵게 느껴지는 게 사실이다.

'좋은 부모'에 대해 곰곰이 생각하게 된 날이 있었다. 40대 후반의 여성이 아무것도 하고 싶은 것이 없다면서 고통을 털어놓았고 삶이 외롭고 허전하다 했다. 이런저런 대화가 오고 가다 필자가 인생의 목표가 무엇인지 물었다. 다소 당황스러워하다가 답하기를 딸이 잘되는 것이었다고 한다. 연이어 왜 과거형으로 답하는지 질문하자 이렇게 답했다.

"딸이 잘되는 것이 정말 제 인생의 목표였어요. 최선을 다했고요. 밤이면 달을 보며 빌기까지 했어요. 그리고 딸은 특목고도 가고 미국 명문대도 들어갔지요."

"그럼 좋지 않으세요? 심리학적 해석이 중요한 것은 아니지만 아마도 따님과 자신을 동일시하신 듯해요."

"맞아요, 동일시했어요. 그런데 막상 딸이 좋은 대학 들어가니, 주위에서는 딸이 똑똑해서 간 것 아니냐는 거예요. 게다가 딸이 친구랑 통화하는 내용을 들었는데 엄마를 일류병에 걸린 속물로 취급하더라고요. 섭섭한데 이야기도 못하고, 가슴이 텅 빈 것 같아요."

마음이 아팠다. 새로운 인생 목표를 세워 보자 하고 다음 방문 날짜를 잡았다. 이 여성은 딸에게 올인해 일류 대학은 얻었으나 딸의 마음을 얻지는 못한 듯했다. 자신의 인생 목표인 자녀와 심리적 이혼을 할 때 느끼는 고독감, 소위 '빈 둥지 증후군'에 빠진 것이나. 자녀를 위해 자신을 희생하고 최선을 다하는 것, 누가 봐도 아름다운 모성의 모습이나 시간이 지나서는 삶의 공허로 이어지는 경우가 적지 않다.

상담을 마친 후 강북으로 달려가 중앙자살예방센터 미디어위원회 첫 회의에 들어갔다. 고참 언론인 남성들이 참석했는데 딱딱한 분위기를 풀어 보고자 청소년 자살 문제를 거론하며 아빠 모임처럼 끌고 가 보았다. 그런데 이를 어쩌나. '나 스스로가 어떤 것이 옳은 삶인지 모르겠는데 자녀에게 무슨 말을 할 수 있겠는가.'라는 회의론부터 '공부 이야기만 하고 자녀와 솔직한 대화가 없으니 전문 기관에서 그 부분을 대체할 시스템을 만들어야 한다.'라는 대책 마련 요구까지 진지한 대화들이 오고 갔다.

특히 마지막 말이 머리에서 떠나지 않았다. 1983년 동물심리학회에서 애완동물을 반려동물로 격상한 선언문이 생각났다. 인간이 순수함을 잃어 인간이 전달할 순수함을 대신 전달하는 애완동물을 반려동물로 승격한다는 것이다.

요즘 해외에선 반려 로봇까지 나왔다. 자식에게 실망한 치매 노인들이 한결같은 반응을 보이는 반려 로봇에게 위로를 받고 로봇이 수리를 받느라 없을 때는 상실감까지 느낀다고 한다. 인간이 인간에게 순수한 따뜻함을 전달할 수 없어 이를 동물과 로봇이 대신한다는 슬픈 얘기다. 이러다가 로봇 부모, 로봇 자식까지 나오는 것은 아닐지.

MIT 과학, 기술, 그리고 사회 프로그램 소속의 셰리 터클 교수는 반려 로봇을 가리켜 '관계 인공물'이라 했다. 로봇이 인간과 친밀감을 형성할 수 있는 것은 관계를 고무하는 기술이 상대방의 지능이나 의식보다 시선 맞추기 같은 단순한 호응 반응에 근거하기 때문이라는 것이다. 인간은 철학적 동질감 이상으로 반시 수준이 단순한 공감에서 더 친밀감을 느낀다. 고차원적인 지능을 가진 인간으로서 자존심 상하긴 하나 부모 자녀 간 커뮤니케이션에 꼭 고려해야 할 사항이다.

부모와 자녀는 가치관 면에서 매우 다른 시기를 함께 보낸다. 청소년 자녀들은 새로운 삶을 준비하며 매우 이상적인 가치관에 빠지게 된다. 그에 비해 생존을 위해 달려가야 하는 부모들은 매우 실용적인 가치관을 보인다. 가치관에서 충돌이 일어날 수밖에 없다. 자녀의 생존과 번영을 향한, 모성애에 뿌리를 둔 어머니의 실용적 가치관이 자녀의 눈에는 일류병에 빠진 속물의 모습으로 여겨지는 것이다.

바빠서 얼굴 보기도 힘들고 대화를 나눌 때도 지시적 화법만 구사하는 아버지에게 속마음을 털어놓기 또한 어렵다. 아버지들에게 자녀와 친구가 되라 하면 자녀가 속 이야기를 안 한다며 항의하는 경우가 종종 있다. 십중팔구 상담한 바로 그날 당장 아이한테 가 친구가 되자, 속마음을 얘기해 보자 한 경우다. 자녀로선 황당하고 이상할 수밖에 없다.

잔소리의 반대말은 우산

상이한 가치관을 극복할 수 있는 방법은 호응과 공감에서 찾을 수 있다. 호응과 공감을 효과적으로 할 수 있는 방법에는 열린 질문과 반영적 경청이 있다.

"담배 끊기 싫어?", "공부하기 싫어?"처럼 대답을 네, 아니요만 나오게 묻는 건 닫힌 질문이다. 반면에 "담배를 끊으면 어떤 점이 제일 힘들까?", "요즘 학교 분위기는 어때?"는 열린 질문이다. 평소 자녀와 하는 대화를 적어 보자. 아마 열린 질문이 거의 없을 것이다. 질문 자체를 잘 하지 않거니와 설령 질문을 한다 해도 대부분 지시조의 닫힌 질문이다. 열린 질문을 권유하면 많은 사람들이 바쁜 세상에 언제 그러고 있느냐고 이야기한다. 그러나 조급함에 쫓겨 하는 대화는 저항감을 불러온다. 열린 질문은 상대방의 의견을 존중한다는 메시지가 담겨 있어 저항감을 줄여 준다.

물론 질문만 한다고 대화가 통하는 것은 아니다. 다음은 내 생각을 자녀에게 전달해야 하는데, 이때는 반영적 경청이 효과적이다. 반영은 거울에 비친 상이나 소리의 반사 등 상대방이 주는 이미지를 받아 되돌려 주는 것을 이야기한다. 거울이 일그러졌으면 일그러진 상이 반사되어 보인다. 반영적 경청은 상대방이 하는 이야기를 잘 이해하고, 그 이면에 담긴 의미를 끄집어내 되돌려 줌으로써 공감을 강화하는 것이다. 일반 경청이 수동적으로 상대방의 의견을 듣는 것이라면 반영적 경청은 능동적인 감성 소통 방법이다.

자녀의 말을 중간에 끊고 부모의 의견을 그대로 이야기하는 것은 좋지 않다. 자녀에게 조언을 하고 싶을 때, 즉 내 의견을 잘 전달하여 설득하고자 할 때 직접적인 조언은 비효율적인 경우가 많다. 조언을 듣는 사람이 성숙하면 자기 마음의 저항을 잘 조절하여 조언을 받아들이지만 대부분 정도의 차이만 있을 뿐 자동으로 저항감이 발동한다.

사람은 이중적이다. 누군가에게 의존하고 싶은 마음과 스스로의 자유와 독립성을 지키려는 마음이 공존한다. 기대고 싶은데 기대자니 자존심이 상처받는다. 자유 감성에 손상이 오는 느낌을 받는 것이다. 누군가를 열심히 도와주었는데 당사자는 오히려 버럭 화를 내는 경우가 있다. 그 사람의 마음에서 보자면 혼자서도 잘할 수 있다는 마음의 저항인 것이다.

이야기를 나눌 때 아무 저항 없이 수긍하는 사람이 있다. 사실 그것은 더 강한 저항이다. 한 귀로 듣고 한 귀로 흘리는 것이다. 그래서 상대방이 강한 저항을 보이는 것이 나쁜 현상만은 아니다. 저항은 에너지이기 때문에 잘 다루어 주면 긍정적인 행동 변화 동기로 전환할 수 있다.

반영적 경청은 이중적인 마음에서 생기는 저항을 잘 다루며 설득하는 기술이다. "네 말 알겠는데 세상은 그렇지 않아." 보다는 "그럼 아들 말은 부모들이 자녀의 복잡한 마음과 상황을 잘 모르고 너무 밀어붙이기만 한다는 뜻이구나, 맞아."가 반영적 경청이다. 이처럼 부모가 마음이 열린 상태에서 자녀의 고통을 이해해 주면 자녀도 반감 없이 부모의 생각을 받아들이게 된다.

반영적 경청은 열린 질문과 짝이 된다.

"아들, 공부했어 안 했어? 공부 안 하면 나중에 후회해요. 엄마 말이 틀린지 말 좀 해 봐."

질문이 있지만 닫힌 질문이고 강한 권유이기에 저항이 생긴다.

"아들, 요즘 공부가 잘 안 되는 이유가 뭘까?"

이렇게 열린 질문을 하면 지시가 아닌 상대방의 마음을 묻는 것이기에 저항이 작아지고 속 이야기를 하게 된다. 그 이야기를 경청하고 거기에 내가 하고 싶은 이야기를 살짝 얹는 것이 반영적 경청이다.

"공부는 열심히 하고 싶은데 집중이 잘 안 된다고. 스트레스가 많아서 그런가 보다. 하루에 10분씩이라도 걸으면서 쉬면 어떨까."

권유가 들어 있으나 아들 입장에선 자신의 의견에 살짝 보태어 오는 것이어서 남의 것으로 느껴지지 않는다. 거부 반응도 생기지 않는다. 나 스스로 행동을 바꾼 것이라 느껴진다.

열린 질문과 반영적 경청만 잘해도 자녀들에게 '우리 부모는 나와 통한다'는 말을 들을 수 있다. 여기서 한 가지 유념할 것, 최소한 1년은 이런 대화를 해야 자녀가 마음을 열기 시작한다. 매우 효과적인 방법이나 실제 해 보면 처음에는 어느 세월에 열린 질문에 반영적 경청을 하고 있느냐, 속 터진다 생각이 든다. 확 잔소리를 하고 싶은 충동이 올라온다. 그러나 효과적 감성 소통을 위해서는 기다림이 필수적으로 요구된다.

부모와 자식, 상사와 부하 직원, 그리고 스승과 제자 관계는 혈통, 조직, 지식 등 내용은 다르지만 위계질서가 있는 관계라는 점에서 잔소리에 면죄부가 주어져 있다. 부모 자식 관계에서는 더하다. 앞의 20대 남성 사례처럼 부모가 걱정과 불안을 반복 확인, 즉 잔소리로 자녀에게 쏟아 내면 자녀는 자신의 걱정에 부모의 걱정까지 이중고를 겪게 된다.

잔소리의 심리적 반대말은 '우산'이다. 잔소리에 대한 충동을 참아 내고 내 자식의 성장통을 묵묵히 지켜보며 쏟아지는 불안 소나기를 막아 주는 그런 우산이 돼 주어야 한다. 그 우산 아래서 서로 믿음이 쌓여야 진짜 우정이 생긴다. 자녀와 친구 관계를 맺는 것은 인내가 필요한 작업이다. 기다림이 사랑인 것이다.

고치고
또 고치면
완벽해질까요?

생존보다 강한 욕구, 사랑받고 싶은 갈망

마음이 우울하면 얼굴도 못나 보인다

열두 살 연하의 아내를 둔 40대 중반 남성의 이야기다.

"아내는 이제 30대 초반이고, 결혼한 지는 5년 되었습니다. 자녀는 이제 돌이 되는 셋째까지 세 명이고요. 그런데 아내가 자꾸 성형을 하고 싶다 졸라서 고민입니다. 쌍꺼풀 없는 눈이 좋았는데 둘째 아이 낳고 아내가 하도 원해서 눈 수술은 억지로 떠밀려 찬성했습니다. 그런데 셋째를 낳고는 턱 수술을 포함해 얼굴을 완전히 뜯어고치고 싶다고 해요. 요즘은 얼굴 고쳐 준다는 방송 프로그램에만 푹 빠져 살고 있습니다. 텔레비전에 나오는 사람들처럼 성형이 필요할 정도로 큰 문제가 있는 것도 전혀 아닌데, 자기는 계속 얼굴이 이상하다고 해요. 심지어는 상담을 한 의사도 성형 효과가 크지 않을 거라고 얘기하는데 말이죠. 아내의 이런 심리를 어떻게 이해해야 할까요? 어떻게 하면 성형에 대한 생각을 좀 돌려 놓을 수 있을까요?"

'생긴 대로 살아라'는 옛말이다. 발달된 성형의학 기술이 생긴 것을 바꾸어 새로운 사람을 만들어 준다. 심한 주걱턱과 비대칭 얼굴로 단순히 미의 문제가 아니라 일상생활에 불편을 줄 정도의 외모를, 평균 수준을 넘어 예쁜 얼굴로 바꾸어 준다. 얼굴만이 아니다. 몸매도 멋지고 섹시하게 바꾸어 준다. 미인이 되자는 콘셉트의 방송 프로그램을 보고 있노라면 필자의 동그란 얼굴도 톰 크루즈처럼 턱 선이 매력적인 얼굴로 '페이스 오프' 하고 싶은 충동이 생긴다.

성형 열풍이 지나치다고 비판하는 사람이 많지만 성형의학의 죄는 아니다. 성형 기술이 발달해서 성형 열풍이 생긴 것이 아니다. 근본적인 원인을 따져 보면 사람의 마음에 시각적 아름다움을 추구하는 강렬한 욕망이 내재해 있기 때문이다. 그 욕망이 아름다운 예술 작품과 멋진 건축물을 디자인했고 결국은 스스로의 얼굴을 디자인하는 단계에까지 이른 것이다. 아름다움을 위해 과감히 수술대에 오르는 여성들의 용기를 보고 있자면 아름다움에 대한 인간의 갈망은 생존만큼이나 강렬한 본능이라 생각된다.

신경성 식욕 부진증은 지나친 다이어트가 부르는 대표적인 섭식 장애로 저체온증, 무월경, 부종, 저혈압 등의 다양한 내과적 증상은 낳는다. 사망률이 5~18퍼센트에 이르는 무서운 병이다. 그런데 '식욕 부진증'이라는 말보다는 먹는 것을 거부하는 '거식증'이 더 정확한 설명이라 할 수 있다. 자신의 몸매를 인지하는 신체상이 왜곡되어 있는 경우가 대부분이기 때문이다. 그야말로 피골이 상접할 수준으로 다이어트를 해 합병증이 생길 정도로 체중이 줄어드는데도 자신이 여전히 뚱뚱하게 느껴져 먹는 것을 거부하는 행동을 보인다. 아름다움에 대한 왜곡과 집착이 스스로의 생존을 위협하는 것이다.

스트레스로 인한 정서적 문제가 있는 사람이 미용 성형을 원할 때 성형외과 의사들이 곤혹스러워 하는 경우를 보게 된다. 자신의 신체상에 대한 인식이 왜곡되어 있어 수술이나 시술을 정상적으로 마쳐도 만족감이 현저히 떨어지기 때문이다. 송혜교의 코, 김태희의 얼굴 라인이라는 식으로 객관적인 기준을 가지고 소통하더라도 결국 아름다움에 대한 인식은 주관적이기에, 객관적으로 미인에 더 가까워져도 내 주관적 해석이 긍정적이지 못하면 만족할 수 없는 것이다.

우울한데 얼굴이나 확 뜯어고치고 싶다고 이야기하는 여성도 있다. 이미 수차례 성형을 한 사람이다. 마음이 우울하니 긍정성이 사라지고 자신의 신체상도 일그러져 보이는 것이다. 마음이 예뻐야 얼굴도 예쁜지는 확실히 모르겠으나 마음이 어두우면 자신의 얼굴이 예쁘게 인식되지 않는 것은 분명하다.

세상일은 동전의 앞뒷면 같아서, 행복한 사건이 감성에는 스트레스로 작용할 수 있다. 앞의 사연을 보면 아내가 5년 사이에 자녀를 세 명이나 낳았다고 한다. 자녀는 삶의 소중한 보물이지만 출산과 양육은 여성의 마음과 몸에 상당한 부담을 주는 일이다. 그것도 5년 사이에 세 명이라면 스트레스로 인해 뇌가 피로증에 빠졌을 가능성이 크다. 아무렇지도 않은 것이 이상한 것이다.

임신 전후의 호르몬 변화도 뇌에는 스트레스로 작용한다. 산후 우울증이라는 용어가 따로 있을 정도다. 그리고 아무래도 출산 전보다는 못한 몸매도 여성에겐 큰 스트레스다. 거기에 자녀 셋을 양육하는 데 따르는 스트레스까지, 마음 안에 긍정성을 유지하는 감성 에너지가 고갈될 수밖에 없는 상황이다. 긍정 에너지가 줄어들면 자신의 얼굴이 미워 보인다. 그래서 새롭게 리뉴얼하고 싶은 것이다.

미학은 아름다움에 대한 인간의 감성적 인식을 탐구하는 학문이다. 아름다움에 대한 사람의 반응은 깊이도 깊을 뿐 아니라 복잡하기도 매우 복잡하다. 아내의 성형 요구를 유행을 쫓는 미성숙한 행동으로 간단히 치부해서는 안 되는 이유다. 감성 시스템 안에는 아름다움에 대한 가치관과 스스로에 대한 미적 정체성이 존재한다.

병원에서 회의에 참여할 때 신기하다고 생각한 것이, 수천만 원에서 억대에 이르는 고가 의료 장비보다, 소파같이 비용 측면에선 사소한 인테리어 물품을 교체할 때 의견도 많고 회의 시간도 길어진다는 것이다. 자존심을 걸고 자기 생각을 주장하고 갈등이 심해저 관계까지 소원해지는 경우도 보게 된다.

사물을 보는 미학적 관점에 자신의 가치관이 투영되기에 소파 디자인 선택은 비용을 넘어 타인과 나의 가치관 충돌을 일으키는 것이다. 새 건물로 확장 이사 하는 건으로 종교 조직 안에 심한 갈등과 분열이 일어나는 것을 볼 수 있다. 이전의 소박한 구건물이 품고 있던 가치관과 현대식으로 확장된 새 건축물이 담고 있는 가치관이 충돌하기 때문이다. 아름다움에 대한 인식 차이는 전쟁을 일으킬 수도 있다.

사연 속 아내의 성형 요구는 표면적으로는 외모에 관한 것이지만 내면적으로는 미적 정체성의 위기가 온 것이다. '나의 삶이 내 가치관과 부합하는 아름다움을 가지고 있는가' 하는 혼란이 온 것이다. 그렇기에 아내의 성형 요구는 논리적 근거에 의한 설득으로는 줄어들지 않고 저항이 생겨 오히려 더 커지기 쉽다. 의사가 큰 효과가 없을 것이라 말해도 아내의 마음이 바뀌지 않았으니 말이다.

자존감을 높여 주는 관계가 열쇠

우리 내면에는 큰 감성 에너지원이 두 가지 있다. 바로 죽음에 대한 공포와 사랑에 대한 열망이다. 죽음에 대한 공포는 곧 생존 욕구다. 우리가 선택을 내릴 때 불안을 제거하는 방향으로 움직이게 되는 이유다. 그러나 내면에 숨겨져 있지만 생존보다 강한 욕구가 있으니 바로 사랑의 욕구다. 사랑받는 존재가 되고 싶기에 생존하려는 것이다.

심리학에 '사랑 중독'이라는 말이 있다. 사랑하고 있다는 느낌, 그 쾌감에 중독되는 것을 말하는데 중독성이 있다는 것은 우리 뇌의 쾌락 중추에 강한 자극을 준다는 뜻이다. 배우자가 있는 상태에서 다른 사람과 바람 피우는 것을 뜻하는 부정(infidelity)이 문화적으로 용납되는 곳은 거의 없다. 그럼에도 부정은 매우 흔한 현상이다. 미국의 통계를 빌리면 기혼자의 30~60퍼센트가 부정을 저지른다는 연구 결과도 있다. 옳고 그름을 떠나 사랑은 중독적이라 할 만큼 인간 본연의 가장 강력한 갈망이고 욕망이다.

"우리 남편은 일밖에 몰라요."

이렇게 말하는 사람도 있다. 정말 일밖에 모르는 남편은 사랑 중독과는 상관없는 것일까?

2012년 해외 사회심리학 저널에 실린 한 논문의 결과가 재미있다. 미각에 관한 실험을 한다며 남자 대학생 서른두 명을 모집했다. 이들은 모두 확실히 애인이 있는 '커플남'이었다. 이들 앞에 접시 두 개를 놓고 한 접시에는 맛있는 쿠키를, 한 접시에는 무를 올려놓았다. 열여섯 명에게는 무를 먹지 못하게 하고 쿠키를 먹게 했고, 나머지 열여섯 명에게는 쿠키를 먹지 못하게 하고 무만 먹게 했다. 그러고 나서 실험에 대해 설문을 한다는 명목으로 폐쇄된 방에서 인터뷰어로 위장한 여자와 단둘이 대화를 하도록 했다. 여자 인터뷰어는 참가자들에게 실험실 밖에서 따로 커피나 한잔하자며 데이트를 제안했다.

연구 결과 커피 데이트 신청을 수락하고 인터뷰어의 휴대전화 번호를 물은 정서적 부정 행동은 맛없는 무를 먹은 그룹에서 훨씬 많이 나타났다. 쿠키 그룹에 속한 사람들은 자기 통제를 위해 에너지를 소비할 필요가 없는 반면, 무 그룹에 속한 사람들은 자기 통제에 에너지가 소비될 수밖에 없다. 자기 통제 에너지가 줄어드니 여자 인터뷰어가 부정 행동을 제의할 때 더 쉽게 흔들린 것이다. 사랑에 대한 갈망이 본능이라면 부적절한 갈망이 표출되지 않도록 자기 통제력으로 억제하는 것인데, 이 통제 능력이 고갈되면 사랑이 바람으로 날아갈 수 있다는 것이다.

열심히 일한다는 것은 대부분 자기 통제적 성격이 강하다. 지금 해야 할 일에 에너지를 쏟고 당장의 감성적인 만족과 여러 욕구를 억제하는 데 상당한 에너지가 소비된다. '일밖에 모르는 남편'은 바람의 잠재 위험 그룹인 셈이다.

성적 매력으로 남자의 소위 '늑대 본성'을 잠재우는 건 어떨까? 성형 등의 노력이 허망하게도 바람은 성적 불만족보다 정서적 불만족에 더 기인한다고 한다. 「내겐 너무 예쁜 당신」이라는 프랑스 영화를 보면 지성과 미모를 모두 갖춘 아내를 둔 남자 주인공이 못생기고 볼품없는 회사 비서에게 빠져 정신을 못 차린다는 내용이 나온다. 주인공이 비서와 정사를 나눌 때 배경 음악으로 슈베르트의 가곡 「자장가」가 흘러나오는데 그 상징성이 압권이다. 이 자장가는 태교 음악으로도 손꼽히는 곡이니 남자의 성적 만족이란 단순히 아름다움과 섹시함에 대한 갈망은 아닌 듯하다. 실제로 부인에 대한 낮은 자존감이 바람의 큰 요인이다.

남녀 간 자아 팽창이 바람을 막는 최선의 방법이라는 연구 결과가 있다. 자아 팽창은 나의 자아가 확장하며 꽉 차는 듯한 민족감을 느끼는 현상인데, 사람 사이에서는 저 사람과 함께 있으면 내가 더 근사해지는 느낌, 즉 존재감과 자존감이 상승하는 것이다.

가장 격려하는 사이가 돼야 할 부부 관계가 오히려 '자아 축소'를 일으키기 쉽다. 앞의 사연에서 출산과 양육으로 지친 어린 아내의 감성 시스템에는 위로와 공감이 반드시 필요하다. 출산 양육 스트레스로 지쳐 있고 스스로에 대한 긍정성이 결여되어 새로운 얼굴을 원하는 아내를 '열두 살 아래 철없는 아내'로 인식하지 말고 '인류 생존의 근원인 모성애를 품고 있는 아름다운 여인'으로 인식하고 꼭 안아 줄 때 내 감성 에너지가 아내에게 전달되고 아내의 부정적인 미적 정체성도 긍정적으로 바뀐다. 자아 팽창이 일어나는 것이다.

" 더 젊게,
더 오래
살고 싶어요

젊음에 대한 강박이 자연스러운 노화를 방해한다

앞으로 한 달밖에 살지 못한다면

"노년기에 애인을 사귄다면 젊은 친구가 좋으시겠어요, 아
니면 동년배를 사귀시겠어요?"

정신과 의사는 좋은 직업이다. 고위 공무원이나 대기업 임
원을 상대로 하는 강의에서도 이런 질문을 서슴없이 던질 수
있으니 말이다. 이 질문에 대한 대답은 한 명의 예외도 없이
'기왕이면 젊은 연인'이다. 젊음에 대한 갈망이 느껴지는 대목

이다. 그런데 과연 젊은 연인이 노년의 행복에 긍정적인 요인이 될까?

미래학자 중에는 인간의 평균 수명이 100세를 넘어 200세까지 늘어날 것이라고 보는 사람도 있다. 몸 건강히 오래 살면 더 바랄 게 없을 듯싶지만 실제 임상 현장에서 어르신들을 만나 보면 꼭 그렇지만은 않은 것 같다. 우울 장애 등 진단 가능한 정신 병리를 가진 사람들만 심리적 고통을 받는 것은 아니다. 정상 심리 안에도 고통과 괴로움은 존재한다. 사람이 겪는 심리적 고통의 핵심 키워드를 세 가지만 뽑는다면 일, 사랑, 죽음이 아닐까 한다. 사람들은 이 중 일과 사랑에는 많은 시간과 노력을 쏟는다. 반면에 죽음에 대해서는 상대적으로 무심하다. 너무나 어렵고 두려운 주제이기에 애써 회피하고 있는지도 모르겠다.

100세를 바라보는, 누가 봐도 일과 사랑 모두에서 성공적인 삶을 산 어르신이 필자를 찾아왔다. 적지 않은 나이에도 건강하게 자기 발로 걸어다니며 일까지 하고 있었다. 대화를 나눠 보니 두뇌의 총명함도 여전했다. 그런데 이 어르신은 동갑내기 아내가 세상을 뜨면서 온갖 걱정에 사로잡혔다고 했다. 진료를 받고 평정심을 되찾은 뒤 나눈 대화가 잊히지 않는다.

"윤 선생, 딱 한 가지만 빼고 우울 증세가 다 좋아졌어요."

"그게 뭔데요?"

"이전보다 기력이 좀 떨어진다오. 앞으로 10년은 더 왕성하게 살아야 할 텐데……."

100세를 앞두고도 죽음을 10년 뒤의 일로 돌리며 기력을 걱정하는 모습을 보니 일과 사랑에서의 성공이 죽음에 대한 두려움을 해결하는 답은 아닌 듯했다.

문상을 가면 호상(好喪)이라는 말을 종종 듣는다. 호상이라……. 가족들은 몰라도 본인에게 호상이란 게 있을까? 나이가 들면 마음에 여유가 생기고 지나온 삶에 만족하면서 죽음을 편안히 받아들일 수 있으면 좋으련만 인간은 그것이 쉽지 않다. 자연스러운 노화는 '삶에 초연해지고 성격이 여유로워지는 것'과는 거리가 멀다. 삶에 대한 갈망은 커지고, 타협을 모르는 고집도 늘게 된다. 심리적 고통이 뒤따를 수밖에 없다.

"몇 살까지 살고 싶으세요?"

건강, 재산, 가족에 대한 걱정을 한 보따리 들고 필자를 찾은 이들에게 묻는 질문이다. 대체로 50대는 70~75세를, 60대는

85~90세를 얘기한다. 90대는 110세를 말한다. 실제 원하는 수명이라기보다 단순히 죽음을 10~20년 뒤로 미루고 싶어 하는 심리적 반응이라 볼 수 있다. 그다음 질문은 이것이다.

"만약 앞으로 한 달밖에 못 사는 시한부 인생이라면 지금 뭘 하시겠어요?"

필요 이상으로 걱정이 많은 사람일수록 이 질문에 제대로 대답을 못한다. 아이러니다. '삶의 소멸'인 죽음에 대한 걱정은 많으면서, 막상 살아 있는 시간을 어떻게 의미 있게 보낼지에 대해선 생각한 바가 없는 것이다.

인간이 겪는 긴 노화 과정의 의미

인간만큼 노화 과정이 긴 영장류는 없다. 나이가 들면 관리를 한다고 노력해도 배가 나오고 머리도 빠지고, 일단 외모가 젊었을 때보다 못하다. 매력도가 떨어지고 폐경기 같은 호르몬 변화가 찾아와 생식 능력도 잃게 된다. 기억력과 집중력 같은 인지 기능의 저하도 뚜렷하다.

40대 이후 시작되는 노화, 요즘 80세를 넘어 백수를 바라보는 세상에서 40~60년을 노화를 느끼며 살아야 한다니 서글퍼지고 마음에 통증마저 생긴다. 인간이 겪는 이 긴 노화의 과정, 어떻게 해석해야 할까?

15세기 이탈리아 미학자 알베르티는 "인간은 불면의 신 같은 지혜와 이성과 기억을 가지고 있는데 중년이 없었다면 그런 건 결코 없었을 것이다."라고 했다. 중년층이 문화와 역사 창조의 주역이란 이야기인데 이것이 다른 영장류에는 없는 인류의 문화를 창조, 계승하는 데 어떤 역할을 한다는 것일까?

중년의 진화심리학적 정체성을 분석한 미국의 동물학자 베인브리지 바사의 의견이 흥미롭다. 중년에 머리가 빠지고 배가 나오며 성기능이 약화되고 폐경이 오는 것은 중년의 역할을 충실히 하기 위한 변화라는 것이다. 즉 젊은이들과 섹스를 놓고 경쟁하는 것이 아니라 문화에 대한 몰입과 그 문화를 젊은 세대에 대물림하는 것에 더 많은 에너지를 투입하도록 하는 진화론적 결과물이란 이야기다.

진화가 오직 생식에만 집중해 있는 다른 영장류와 달리 사람은 생식과 별도로 문화의 창조 계승이라는 욕구에 충실하도록 진화했다는 말인데, 나이가 들수록 기억력 같은 인지 기능은 떨어지지만 감성 시스템의 예민도는 증가하는 것도 문화에

168

대한 몰입을 높이기 위한 노년의 심리적 변화라는 설명이다.

항노화가 유행이다. 늙지 않고 건강하게 살고 싶은 마음이야 인지상정이나 어찌 되었건 올해는 작년보다 한 살 더 먹을 수밖에 없는 것이 인생이다. 요즘 젊음을 유지하기 위한 노력이 과열되는 경우가 많은데 나쁘다 할 수 없지만 젊음을 억지로 유지해 젊은이들과 경쟁하는 것이 중년 이후 성인들의 본질적인 정체성은 아니다.

젊음에 대한 지나친 강박은 오히려 오늘의 삶을 즐기지 못하게 한다. 머리는 빠지고 배는 나오고 기억력은 떨어져도 문화를 향유할 수 있는 감성의 예민도가 더 증가하는 것이 중년의 삶이라면 젊음을 잃어 가는 것을 탓하기보다는 그 변화된 정체성에 맞게 내 삶의 스타일도 재조정하는 것이 필요하다.

'웰다잉'이 답이다

어르신들은 죽음보다 치매를 더 두려워한다. 몸은 살아 있는데 심리적인 자기 존재가 사라진다는 불안 때문이다. 우리가 성취를 위해 애쓰고 남에게 인정받고 싶어 노력하는 것도 자기 존재감을 느끼기 위한 것이다. 그런데 성취 자체만으로는 존재감이 오래가지 않는다. 성취를 이룬 것과 그로 인해 내가 근사하다는 존재감을 느끼는 반응은 다른 것이다. 성취를 즐길 마음의 여유도 없이 또 다른 성취를 통해 자기 존재감을 얻으려는 삶은 너무 힘들고 결국 지쳐 버리게 된다. 금세 불안해지고 때로는 환상에 숨어 버리고자 한다.

죽음에 대한 공포를 등 뒤에 남겨 둔 채 도망치려고만 하면 공포에 쫓기면서 살 수밖에 없다. 등 뒤의 죽음을 눈앞으로 가져와 적극적으로 대면할 때 오히려 불필요한 공포에서 벗어날 수 있다.

젊은 연인 이야기로 돌아가 보자. 노년기의 젊은 연인은 죽음에 대한 공포의 그림자를 키운다. 얼굴에 주름이 자글자글 잡힌 동년배의 배우자나 연인이 노년기 적응에 더 도움이 된다는 얘기다. 젊음을 되찾아 준다는 수많은 항노화 마케팅도 노년의 행복에는 별 도움이 안 된다. 되레 더 피곤하고 불안해질 뿐이다. 잘 늙어 가는 것, 한 걸음 나아가 잘 죽는 것이 행복의 정답이다.

"전 더 이상 죽음을 두려워하지 않아요. 오래 살 생각도 하지 않아요. 그냥 오늘 저에게 가장 소중한 일을 하며 살아가고 있어요."

　한 뇌종양 환자의 고백에서 웰다잉에 대한 힌트를 찾을 수 있다. 사람은 죽음을 생각할 때 가장 순수해진다. 삶의 우선순위도 명확해진다. 당신에게 남겨진 시간이 딱 일주일뿐이라면 오늘 무슨 일을 하고 어떤 선택을 내릴 것인가? 매일 한 번씩 자문하며 살아 보자. 삶의 내용은 충실해지고, 죽음에 대한 공포는 줄어들 테니.

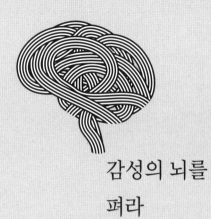

감성의 뇌를
펴라

딱 30퍼센트만 날라리로 사세요

잘 노는 것이 최고의 자기 계발

'날라리'라는 말에 열광하는 이유

"날라리로 사세요."란 말이 툭 튀어나와 당황했다. 날라리는 일없이 그저 노는 데에만 열심인 사람을 뜻하는 속어이니 시청률이 제법 높은 공중파 텔레비전 프로그램 강연 시간에 정리 멘트로 던질 말은 아닌데 아뿔싸, 이미 입을 떠나고 만 것이다. '심리 이론과 사례로 멋있게, 품위 있게 잘 강의하다 막판에 싸구려로 끝냈네.'라 웃어넘기고는 잊고 지냈다.

얼마 후 한 시사 잡지 기자가 팬이 되었다며 인터뷰를 하고 싶다 했다. 웬 팬인가 싶어 어색한 분위기 속에서 기자를 만났는데, 그는 필자의 책을 교과서 보듯 줄까지 쳐 가며 읽어 온 것 아닌가.

"선생님 강의를 듣고 가슴이 후련해지고 카타르시스가 생겼어요. 저희 잡지 독자들에게 같은 경험을 주고 싶습니다."

무엇에 후련해졌나 물으니 "날라리로 살라는 말에요."라 답한다. 황당해하며 인터뷰를 마치고 다른 사람들의 반응이 궁금해 인터넷을 검색해 보았다. 생각과 달리 사람들은 내가 강의 내내 강조한 이론과 사례보다는 날라리라는 말에 힐링을 느끼고 있었다. 수일 후 도착한 잡지는 나를 "날라리 행복론 전도사"라 칭하며 "이성보다 감성, 의무보다 욕망, 내일보다 오늘, 마음대로 사는 게 행복의 비밀"이라는 타이틀까지 붙여 놓았다. 말이 멋지지, 쉽게 말하면 막 살라는 이야기 아닌가. 이상하게 볼까 두려워 지인들에게 인터뷰 기사를 숨기는 필자의 모습을 보면서 진짜 날라리로 살기엔 멀었다는 생각이 들었다.

날라리, 단어의 뜻을 보면 영 아니긴 하다. '언행이 어설프고 들떠서 미덥지 못한 사람을 낮잡아 이르는 말'이기도 하고

'기둥 서방'이라는 뜻까지 있다. 아무리 좋게 생각해도 인생 대충 사는 사람이란 말인데, 이 말에 감동받는다는 것은 특이한 현상이다. 왜 그럴까.

우리 뇌에는 쾌락 시스템이 존재한다. 쾌락은 무죄다. 이 쾌락 시스템은 감각 기관과 강하게 연결되어 있다. 피곤하고 무기력감이 드는 아침, 하루를 어떻게 보내나 생각하며 지친 발걸음을 옮길 때, 마침 눈에 들어온 커피 자판기에서 설탕과 프림이 가득 든 진한 다방 커피를 한잔 뽑아 마시면 잠시나마 기분이 붕 뜨는 각성 상태를 맛볼 수 있다. '설탕 중독'이라는 말이 있을 정도로 당분은 강력한 흥분제다. 입안에 들어온 당 성분이 녹아들면서 미각 신경을 자극하고 이 신경은 뇌의 쾌락 중추와 연결되어 마치 마약과도 같은 상승감을 느끼게 해 준다. 맛은 강력한 쾌락 수단이다. 몸매가 망가지고 당뇨, 고혈압, 대사 증후군 등으로 몸이 병들어 가는 것을 담보로 우리는 쾌락에 몰입한다.

한때 성 접대 스캔들 관련 기사가 미디어를 가득 채웠다. 한 사업가가 소유한 별장에 초대된 힘 있는 권력자들이 술과 노래 그리고 여자를 즐겼다는 얘기로 세간이 시끄러웠다. 한 고위 공직자는 수사가 진행되기도 전에 자리를 사퇴했고 이름이 거론된 다른 인사는 사실이라면 할복자살하겠다고 SNS에 올리기까지 했다.

높은 위치에 올라가기까지 부단한 노력과 희생이 있었을 것이다. 능력도 있었음에 분명하다. 명예와 힘을 가진 위치에 올라가서 왜 그토록 위험한 놀이에 빠지게 되는 것일까. 국가나 사회의 위험을 관리하는 위치에 있는 사람이 왜 개인의 위기 관리에는 허점을 보이는 것일까. 그것이 쾌락이라는 빠른 보상 시스템의 위험성이다.

현대 성취 사회는 자기 이름 석 자에 멋진 가치를 부여하기 위해 엄청난 양의 감성 에너지를 소비하게 한다. 이것을 주도하는 것이 불안 생존 시스템이다. 더 강력한 위치를 추구하고자 불안감을 작동시키고 자신을 채찍질한다. 그러나 사람은 채찍질만 하며 살 수 없다. 감성이 지금까지 치른 희생에 대해 보상을 원하기 때문이다.

불안 생존 시스템에 혹사당한 감성이 보상을 요구할 때 음흉한 거래의 손을 내미는 것이 쾌락 시스템이다. 술, 담배, 달콤한 초콜릿, 고가의 명품 가방 그리고 뇌물과 상품화된 성은 이 쾌락 시스템을 통해 즉각적으로 강한 보상 작용을 일으킨다. 매매되는 성은 가장 강력한 마약이라 할 것이다. 마약은 빠른 자극으로 감성을 회복시킨다. 빠르기에 중독된다. 쾌락이 순식간에 치솟지만 나락도 순식간에 온다. 그 나락이 금단 증상이고 그 결과로 더 빠르고 강력한 마약을 갈망하게 한다. 쾌락에 대한 병적인 허기에 빠지는 것이다.

불안 시스템이 극도로 작용하는 권력자에게 안전해 보이는 성 접대의 유혹은 클 수밖에 없다. 권력의 힘과 일탈이 주는 자유로운 기분이 결합해 쾌락을 최고조로 상승시킨다. 쾌락은 진통 효과가 강하다. 윤리나 법이 주는 위험 신호에 무감각해지도록 마취시켜 버린다. '이 정도는 괜찮아.'라는 쾌락의 설득에 자신을 내려놓게 된다. 그리고 스캔들이 터지면 그동안 고생해 얻은 명예와 품격은 한순간에 날아가 버린다.

감성의 목소리에 귀 기울이자

자수성가해 성공한 50대 중반의 사업가가 찾아왔다. 폭음으로 간 기능이 좋지 않고 불면증과 불안감도 심했다.

"선생님, 술 끊고 잘 지내다가도 윗분들 접대 자리가 있어

어쩔 수 없이 술자리를 갖게 되면 그다음부터 폭음을 하게 됩니다. 하루 종일 집에 틀어박혀 술을 마셔요. 친구들이 술만 먹지 말고 다르게 스트레스를 풀어 보라 하는데, 선생님이니까 드리는 말씀이지만 여자도 만나 봅니다. 그런데 여자를 만나도 술을 마시게 됩니다. 이야기도 하고 진도 좀 나가려 하면 맨정신으로는 못 하겠어요. 집에 있는 아내한테 죄책감도 들고……. 그래서 또 술을 먹게 됩니다. 어디 술 좀 끊게 하는 약 없나요?"

삶에 결핍이 있어 스트레스를 받고 여러 심리적 증상이 나타나는 일이야 상식적인 것이지만 그야말로 '팔자 좋은' 사람들의 고통은 결핍 이론으로는 설명할 수 없다. 이런 사람은 주위 사람들에게 고통을 호소해도 "팔자 좋은 소리 하네."라는 역(逆)공감만 일으키기에 오히려 상처를 삼키게 된다. 앞의 사연을 읽고 어떤 생각이 드는가?

'팔자 좋은 소리 하네. 비싼 술도 퍼마실 수 있고 부인 두고 딴 여자도 만나서 재미 보고……. 자랑이냐. 쌤통이다, 난 너보다 돈 없지만 맘 편히 산다.'

혹 이런 생각이 들지는 않는가?

그러나 이 사업가가 처한 상황은 생존을 위해 달리다 보니 감성 시스템이 과열되고 불안이 커진 전형적인 경우다. 한계에 도달했기에 술 접대 자리를 견디기 힘들고 그것이 폭음을 유발하는 것이다. 술로 쾌락 시스템을 자극해 진통제를 내뿜게 하는 것이다. 여자 친구도 만들어 보나, 쾌락의 순간에는 나를 존재하게끔 하고 위로가 되지만 그 시간이 지나면 마음이 편치 않다. 자책감에 허무함마저 들기 마련이다.

성공한 사람들에게 스트레스를 어떻게 푸는지 물어보면 멍하니 대답을 못하는 경우가 대다수다. 고민하다 겨우 하는 말이 남들처럼 술이나 골프를 한다고 한다. 단조롭다. 스트레스를 관리하고 해결한다는 것은 스트레스로부터 도망치는 것이 아니다. 그것은 심리적 회피 반응이다. 술이나 골프는 느리고 고요한 연민 시스템이 아니라 즉각적 반응을 내는 쾌락 시스템을 자극해 보상을 주는 것이다. 쾌락 시스템은 단기적 보상에는 강하나 뇌를 더 지치게 하고 장기적으로는 허무감을 증폭한다. 강렬한 자극 뒤에 내성이 생겨 쓰나미가 크기 때문이다.

돈으로 여자의 웃음을 사는 것이 싫다며 룸살롱 가기를 거부하는 사람이 적지 않다. 열심히 희생하여 돈을 벌었는데 돈으로 사는 것은 의미가 없다니 이 또한 아이러니다. 어찌 보면 돈 없고 폼 안 나는 촌부들이 더 진정한 웃음을 경험하는지도 모른다. 돈이 없기에 오히려 마음이 오고 가는 사람을 볼 수 있다.

"날라리로 사세요."라는 말에 사람들은 웃는다. 일부는 불끈하며 반문한다.

"선생님, 그럼 막살란 말씀입니까?"

막살아서야 되겠는가. 열심히 사는 것, 성공했다는 것은 모범생이라는 증거다. 모범생은 하고 싶은 것보다 해야 할 일을 한다. 물론 소중한 가치다. 사람들이 하고 싶은 대로만 하고 실면 사회라는 시스템이 유지될 수 있겠는가. 그러나 순도 100퍼센트 모범생의 삶은 내 감성을 질식시킨다. 모범적인 삶은 감성 노동을 동반한다. 약간은 풀어 주어야 한다. 날라리로 살라는 말을 달리하면, 삶의 30퍼센트 정도는 감성의 가치를 소중히 여기며 살아가자는 것이다.

내가 날라리인지 모범생인지 어떻게 알 수 있을까. 간단한 테스트가 있다. 아침에 일어나 왼쪽에는 오늘 꼭 해야 할 일을 적어 보고 오른쪽에는 오늘이 인생의 마지막이라면 꼭 하고 싶은 일을 적어 보는 것이다. 인생에 죽음이라는 값을 입력하면 감성이 간절히 원하는 가치들이 머리에 떠오른다. 그것이 내 감성이 하고 싶은 일이다. 이 두 내용이 상이할수록 모범생으로 살고 있는 것이다.

오늘 한참을 못 본 오랜 친구와 술 한잔 하고 싶은 감성이라면 죄책감을 꼭 누르고 회사 회식을 빠져 보자. 세상이 두 쪽 날 것 같지만 태양은 또 뜨고 지구는 잘 돌아간다. 이성의 강박적 요구를 뿌리치고 감성을 바라봐 줄 때 우리 감성은 움츠림을 풀고 에너지를 충전한다. '감성이 원하는 대로 다 하다가 인생 종치는 것 아니야.'라 불안감이 엄습할 수도 있다. 두려워할 필요 없다. 원하는 대로 다 할 필요도 없다. 가끔씩 감성에 따라 하고 싶은 일을 종이에 적어 보는 것만으로도 감성은 뿌듯해한다.

재미있으면서도 슬픈 사실 하나. 남자 어르신들에게 오늘이 인생 마지막 날이라면 무엇을 하고 싶은가 물으면 일에 바빠 아내에게 소홀했던 남편일수록 아내와 하루를 보내고 싶다고 한다. 여성들에게 같은 질문을 하면 바쁜 남편을 둔 아내일수록 조용히 혼자 하루를 보내고 싶다고 한다. 비극이다. 이 비극을 방지하려면 감성의 목소리에 귀를 기울이는 '30퍼센트 날라리 삶'을 오늘 시작해야 한다.

성공보다 마음을 따르는 삶

노력하는 사람이 쉽게 지치는 이유

피땀 나는 노력으로 회사를 건실하게 키운 한 오너 경영자가 필자를 찾아왔다. 단단한 인상에 세련된 매너를 가진 그는 불의를 고발하는 뉴스를 접하면 지나칠 정도로 화가 나고 심지어 직접 나서서 응징하고 싶은 충동까지 든다고 했다. 범법자들이 자신에게 직접 해를 끼친 것도 아닌데, 아무리 생각해 봐도 분노의 정도가 과도하다고 호소했다. 특별히 노력하거나 고생한 것도 없이 부모의 부와 자리를 이어받아 힘을 휘두르는 사람을 보면 화가 나서 참을 수가 없고, 그 연장선으로 사람 자체가 싫어지고 점점 모임을 피하게 된다고도 했다. 업무상 '을'의 입장에서 '갑'에게 당했던 자존심 상한 기억들이 분노 에너지로 축적돼 못마땅한 뉴스에 민감하게 반응하는 것으로 느껴졌다.

자존감의 상처는 누구나 안고 있는 문제다. 사회적으로 높은 지위를 성취해도 감성 엔진이 과열되고 자존감 계기판에 빨간 경고등이 켜지기는 마찬가지다. 진정 위로를 주고 또 받아야 할 대상이 사람인데 외려 사람들끼리 서로 자존감에 상처를 주고 있는 세상이 아닌가 싶다. 그러니 위로를 대신하는 애완동물 비즈니스만 번창할 수밖에 없다.

자존감은 1890년대에 미국의 의사이자 철학자인 윌리엄 제임스가 처음 사용한 용어다. 자존감을 쉽게 풀이하면 '나에 대한 근사한 마음'이라 할 것이다. 서두에서 이야기한 것처럼 누구나 성공했다고 평가할 고위 공무원 또는 대기업 임원들도 스스로가 근사하게 느껴지는지 질문을 던져 보면 손을 드는 사람이 전무하다. 얼굴 표정을 보면 쑥스러워서가 아니라 실제로 근사함을 못 느껴 손을 들지 못하는 것을 알 수 있다.

자존감은 자신에 대한 다분히 주관적인 평가다. 자존감 수치가 떨어져 경고등이 들어온다고 해서 실제로 내가 엉망인 사람인 것은 아니다. 그러나 많은 이들이 자존감 계기판에 따라 낙담하고 우울해하기 일쑤다.

자존감은 '내가 목표로 한 것'에 대비해 '내가 실제로 이룬 것'의 값이다. 목표가 지나치게 높으면 자존감을 느끼기 어려워진다. 그래서 아이러니하게도 자존감을 높이기 위해 가정, 학교, 직장에서 치열하게 노력해 온 사람일수록 자존감이 떨어지기 쉽다. 자존감을 느끼는 것은 잠깐이고 목표가 순식간에 상향 조정돼 또다시 자신을 몰아세우기 때문이다.

결국 대안은 목표를 낮추는 것이다. 목표를 낮추자는 것이 1등 할 것을 2등에 만족하자는 이야기는 아니다. 사회적 지위가 곧 나 자신의 가치라는 속물적 가치관에서 자유로워지자는 것이다. 자신의 성취와 상관 없이 목표를 낮게 잡고 사는 연습이 필요하다. 이 연습을 통해 겸손을 얻을 수 있다. 정신의학에서 겸손은 자기 삶의 목표를 낮추는 능력을 이야기한다.

겸손한 사람이 성취를 덜하는가. 결코 그렇지 않다. 목표가 높지 않기에 작은 성취에도 만족하고 주변의 비판에도 자존감이 안정을 유지한다. 이 때문에 길게 보면 꾸준히 성과를 낼 가능성이 높다.

내 인생의 행복은 내 안에 있다

자존감의 문제는 CEO만의 문제는 아니다.

"애 때문에 걱정이에요. 애가 영 승부욕이 없고 흐리멍텅해요."

자녀 양육 스트레스를 호소하는 40대 여성, 자초지종은 이러하다. 중학교 3학년생인 아들과 시험 성적 이야기를 하다 아들은 끝까지 2등이라 우기고 본인은 5등이라 우겨서 대판 싸우게 되었다. 1등이 네 명이면 당연히 5등인 것을, 끝까지 2등이라 우기는 아들이 너무 미웠다는 것이다. 순위를 명확히 인지하고 반성을 해야 더 발전이 있을 텐데 '좋은 게 좋은 것'이라는 식의 태도가 못마땅하고 아들이 앞으로 인생을 어떻게 사나 걱정된다고 했다. 경쟁 사회에서 걱정되는 것, 충분히 이해된다. 그러나 행복 유전자는 어머니보다 아들에게 더 많은 것 같다.

요 몇 년 새 텔레비전을 보면 경쟁적으로 경쟁(contest) 프로그램이 방송되고 있다. 경쟁에 지치고 지친 우리네인데 쉬는 시간에 또 다른 치열한 경쟁을 지켜보고 정신적 위안을 얻는다는 것이 재미있다. 필자는 현역 가수들이 나와 경쟁하는 「나는 가수다」라는 프로그램을 좋아했다. 수백, 수천 번의 무대 경험을 가진 쟁쟁한 가수들이 무대 위에서 떨고 순위에 따라 얼굴 표정이 죽었다 살았다 한다.

치열한 대리 경쟁을 바라보면서 내 안의 스트레스가 풀리고 더 나아가 감동까지 얻는 것은 무엇 때문일까. 경쟁의 고통이 나만의 것이 아니라 느껴질 때 우리는 삶을 보편화하며 조금 더 편안하게 받아들일 수 있다. 이 팍팍한 삶이 나만의 리그가 아닌 것이다. 더욱이 이미 최정상에 있는 사람들조차 1등에 대한 욕심과 무대 자체를 즐기려는 마음 사이에서 갈등하는 모습이 우리에게 인생의 본질적인 고민에 대한 카타르시스를 제공한다. 객관적 성공과 주관적 행복 사이의 영원한 핑퐁 게임, 인생의 중요한 주제다.

사회비교이론이라는 게 있다. 이름은 거창하지만, 간단히 말해 사람은 타인과의 비교를 통해 자기 자신을 알고자 한다는 이론이다. 이때 만족의 기준을 내 주관적 가치에 두는가 아니

188

면 외부 가치에 두는가 하는 점이 핵심적인 이슈가 된다. 연구에 따르면 주관적 가치에 따라 만족을 느끼는 사람이 더 행복하고 일도 잘한다고 한다. 한 실험에서 사람들을 모아 수학 문제를 풀게 했다. 외부 가치를 기준으로 자신의 가치를 판단하는 그룹은 옆에 자신보다 문제를 느리게 푸는 사람이 있을 때는 크게 영향을 받지 않았지만 자신보다 문제를 빨리 푸는 사람을 두었을 때는 문제 푸는 속도가 떨어지는 경향을 보였다. 반대로 주관적 가치를 기준으로 삼는 그룹은 오히려 문제를 빨리 푸는 사람이 옆에 있을 때 풀이 속도가 빨라지는 결과를 보였다.

이런 경향은 상당 부분 유전적으로 결정되지만 훈련을 통해서 변화할 수 있다. 그런 면에서 앞의 예에서 중학생 아들이 어머니보다 유전적으로 행복하고 성공 가능성도 높다고 볼 수 있다. 적어도 본인은 주위의 평가와 상관 없이 행복해할 것이다. 본인이 행복하면 그만 아닌가.

필자는 골프가 싫다. 치고 나올 때 기분 좋았던 기억이 별로 없다. 그래서 지금은 치지 않는다. 주말 골퍼 중 기분 좋게 골프장을 나서는 사람이 몇이나 될까? 아마 열에 한 명도 되지 않을 것이다. 그러나 순위와 점수에 대한 경쟁이 사람들로 하여금 골프장을 다시 찾게 한다. 이 골프란 운동이 재미있게도 욕심을 버리고 몸에 힘을 빼야 좋은 샷을 칠 수 있다. 순위에 대한 욕심을 잔뜩 품고 있는데 역으로 힘을 빼야 하다니 보통 도가 아니다.

최근 여자 프로 골프 선수 몇 사람의 멘털 트레이닝을 맡게 되었다. 프로 골프 선수들은 어느 한 사람이 연속해서 우승한 사례가 없을 정도로 다들 상당한 실력을 갖추고 있다. 단지 얼마나 욕심을 버리고 경기를 즐길 수 있느냐에 우승의 향배가 달려 있는 것이다. 경기 자체를 즐기자는 조언 후 성적이 향상되고 있던 선수에게 우리 한번 우승을 노려 볼까 독려했더니 성적이 바닥으로 떨어진다. 이것 참, 멘털 트레이너로서 체면이 말이 아니었다.

과거「나는 가수다」에 출연한 한 가수가 떠오른다. 화끈한 한 방을 보여 주려 애쓰다 보니 항상 긴장하게 되고 결과적으로 순위도 좋지 않았다. 한번은 그 가수가 몸에 힘을 뺐다. 노래를 부르기 전, 보여 주기 위한 노력을 버리고 가장 자연스럽고 본능적으로 노래에 임하겠다고 했다. 관중의 반응은 뜨거웠고 경연에서도 1등을 했다. 순위라는 객관적 가치에서 자유로워지고 철저히 주관적 가치에 의지해 연주를 즐기자 최고의 퍼포먼스가 나왔고 객관적 가치마저 1등이 되었다. 인생의 아이러니다. 「나는 가수다」에서 항상 높은 순위를 유지한 한 가수가 인터뷰에서 한 말이 의미심장하다.

"1등 안 하고 싶은 사람이 어디 있겠는가. 그러나 무대에 더 몰입하고 즐기고 내가 만족할 수 있는 연주를 하고 싶다."

다른 사람들의 시선과 순위에서 완전히 자유로울 수도 없고 그래서는 생존이 불가능할 것이다. 그러나 내 인생의 행복은 결국 내 안에 있다. 스스로가 만족할 수 있는 인생의 연주를 즐길 수 있다면 그것이 바로 최상의 삶 아닐까?

목표를 낮춰야 여유가 생긴다

목표를 낮추는 것이 쉽지는 않다. 훈련이 필요하다. 감성 목표는 끊임없이 점검하고 조절하지 않으면 자연스럽게 올라가고 삶을 헐떡이게 한다.

'나에 대한 근사한 마음'이란 내가 이룬 소중한 성취에 대한 반응이다. 그 반응의 공식이 내 감성 시스템에 심어져 있다. 근사힘 공식을 도식화히면 다음과 같다.

$$근사함(자존감) = \frac{성취}{목표}$$

근사함 공식의 분자는 이룬 것 즉 성취다. 분모는 인생의 목표다. 치열하고 정신없이 경쟁해야 하는 삶이다 보니 목표를 생각할 겨를이 없다. 객관적으로는 큰 성공을 거둔 사람들조차 인생의 목표가 무엇이냐 물으면 잘 대답하지 못하고 한참을 골똘히 생각하다 결국 없다고 말하는 이가 적지 않다.

현대인은 성취를 통해서만 스트레스를 관리하려고 한다.

"선생님, 너무 열심히 일하니깐 성과는 좋지만 힘들어요. 대충 살려고요."

이렇게 말하고는 얼마 후 다시 온다.

"선생님, 대충 하니까 일이 엉망이에요. 다시 열심히 살려고요."

삶의 성취를 위한 노력을 조절하고 통제하는 것으로는 답이 나오지 않는다. 자존감의 공식에 따른 내 자존감 계기판의 바늘이 출렁거리기만 할 뿐이다.

스트레스 관리는 성취도 중요하지만 분모인 목표를 관리하

는 것이 더 효율적이다. 성취를 위한 노력은 그대로 쭉 진도가
나가도록 놔두어야 한다. 열심히 노력해서 더 많이 성취하는
것은 아름다운 것이다. 더 멋진 성공을 위해 우리는 달려 나가
야 한다. 동시에 목표의 크기를 줄이는 튜닝을 해야 한다. 목표
는 내버려 두면 저절로 커진다. 열심히 노력해 많은 것을 얻어
도 목표치가 동시에 커지면 분모의 수치가 올라가 자존감 공식
에 따른 자존감 계기판의 바늘이 올라가지 않는다. 더 성취했
는데 나에 대한 만족감은 오히려 떨어질 수 있다. 이것이 반복
되면 나 자신을 비난하거나 채찍질하게 된다.

가장 슬픈 것은, 내가 성취한 것을 여유롭게 즐길 수 있는
마음이 없어진다는 것이다. 많이 얻어서 마음이 힘든 것이 아
니다. 그 성취를 즐길 수 있는 감성적 여유와 에너지가 부족한
것이 문제다. 즉 근사함이란 나의 성취를 얼마나 여유롭고 풍
요롭게 즐길 수 있는지를 나타내는 값이다. 근사해야 삶을 즐
길 수 있다.

소탈함도 훈련이 필요하다

해골로 집을 장식해 놓는 사람이 있을까? 17세기 유럽 귀족

필리프 드 샹파뉴, 「튤립, 해골, 모래시계가 있는 정물」(1671, 프랑스 르망 테세 박물관 소장)

사이에서는 '해골 인테리어'가 유행했다. 위 그림처럼 해골이나 모래시계 같은, 인생의 유한함을 상징하는 소재를 그린 정물화로 집을 꾸민 것이다. 이른바 바니타스 예술이다. 바니타스(vanitas)란 허무, 인생무상을 뜻하는 라틴어다. 17세기 유럽 귀족의 마음을 꿰뚫어 볼 수는 없으나 당시 귀족이라면 부와 명예를 충분히 누렸을 텐데 왜 죽음을 상징하는 해골 그림을 즐겼을까. 혹시 부와 권력을 가졌기에 본질적인 허무를 더 느졌던 것은 아닐까.

이들은 부는 물론 자신의 정신적 자존심도 칼날처럼 높게 유지하려 했다. 지금 생각하면 별것도 아닌 일로 목숨을 걸고 결투를 벌이던 사람들 아닌가. 치열하게 현실을 살다가도 집에 돌아와서는 죽음을 상징하는 해골과 시간을 상징하는 모래시계를 보며 '공수래공수거, 어차피 흙으로 돌아가는 인생, 나에게 손해를 끼친 사람도 이해하고, 남 미워 말고 내가 가진 것을 소중히 여기며 소탈하게 살자.' 하고 생각했던 게 아닐까. 17세기 유럽의 바니타스 정물화는 겸손과 소탈함을 유지하기 위한 트레이닝 도구였던 셈이다.

많이 가지고 성취하는 것만으로는 행복을 느낄 수 없다는 것이 행복의 아이러니다. 가장 행복한 사람은 인생에서 성취를 많이 해냈음에도 마음을 소탈하게 유지할 수 있는 사람이다. 마음을 소탈하게 유지하는 트레이닝이 바로 겸손의 트레이닝이다.

겸손은 그저 스스로를 낮추는 자세가 아니라 멘털 트레이닝의 핵심 기술이다. 겸손한 사람은 목표를 낮출 줄 아는 사람이다. 이런 사람은 성공한 만큼 감정적으로 행복을 느낀다. 목표 대비 성취감의 정도가 커지기 때문이다. 그만큼 남을 위로하기도, 남에게 위로받기도 잘한다. 목표가 높아서는 공감과 연민의 감성적 교감이 일어나기 어렵다.

필자도 현재 직장으로 옮긴 후 7년쯤 되었을 때 원인 모를 소진 증후군에 빠져 고생했다. 물론 당시에는 감성이 소진된 줄도 몰랐다. 왜 이렇게 환자 보는 것이 힘든지 의아하기만 했다. 대학 병원 의사들은 불친절하다는 이미지를 개선하고 싶어 민원 없는 의사가 되어 보자 마음먹고 친절하게 환자를 진료했다. 환자가 방에 들어오면 일어나서 인사하고 나갈 때 문도 열어 주었다. 다음 환자가 오래 기다리는 것을 막기 위해 나만의 친절 기술도 개발했다. 환자가 너무 오래 이야기를 할 때면 조심스럽게 이렇게 말하며 부드럽게 진료를 중단했다.

"아! 듣는 저도 이렇게 힘든데 그 일을 겪으신 선생님께서는 얼마나 힘드셨겠어요? 제가 괴로워 더 못 듣겠네요. 일단 약을 처방해 드릴게요. 나머지 이야기는 다음 주에 계속하도록 합시다."

그러면 다음 환자도 오래 기다리지 않을 수 있었다. 친절한 의사가 되기 위해 꾸준히 노력한 결과 실지로 7년간 민원이 한 건도 없었다. 병원 내 교육 담당 부서에서 친절 교육을 해 달라는 요청이 올 정도였으니, 이 정도면 훌륭한 의사 아닌가?

그런데 왜 소진이 되었단 말인가. 바로 목표에 문제가 있었다. 친절함과 같은 자연스러운 감성 반응을 의무적으로 수행하면 감성 노동이 되는 것이다. 그래서 진료 목표를 바꾸었다. '위로하는 사람이 되자'로.

사소한 변화인 것 같으나 삶에 일어난 변화는 컸다. 일단 다리가 아프면 환자가 들어올 때 억지로 일어나지 않았다. 환자가 나갈 때도 어르신이 아니면 문을 열어 주지 않았다. 일부러 불친절해졌다. 다만 한이 쌓여 이야기를 오래 하는 환자는 뒤에 기다리는 사람이 있든 없든 실컷 이야기하도록 시간을 주었다. 마음 가는 대로 하는 '날라리' 진료 행태를 보이기 시작했다. 덕분에 안내를 담당하는 간호사들에게 "뒤에 세 분 기다리고 있어요ㅜㅜ"라는 쪽지를 매일 받지만, 희한하게도 불친절해졌는데 여전히 민원은 없다. 진료 내용도 부드러움은 내려놓고 돌직구처럼 마구 던지는데 환자들은 더 위로를 받는다 한다.

필자는 강연하러 갈 때면 마음속으로 목표를 낮추는 이미지 트레이닝을 한 후 강연장에 들어간다. 오늘 이 자리에서 딱 한 사람만 위로하고 가겠다, 이렇게 목표를 쭉 낮춘다. 훈훈한 분위기, 열렬한 반응 속에서 강연을 할 때도 있지만 때로는 다들 전날 과음이라도 했는지 청중 반응도 없고 분위기가 영 아닌 경우도 있다. 마음을 튜닝하지 않고 들어가면 대번 열 받는 마음 반응이 온다. '내가 수백 명을 감동시키는 연사인데 잠을 자?'라며 울화가 치민다. 울화가 치밀면 근사함의 계기판은 엉망이 되고 감성 에너지가 소진이 되니 강연에 힘도 떨어지고 농담이나 사례도 생각이 잘 나지 않는다.

그러나 단 한 사람만 위로하겠다 마음잡고 강연에 임하면 어떤 상황이든 최소한 한 명은 강연 내용에 호응하기에 즐겁게 강연을 이끌어 갈 수 있다. 목표를 채웠기 때문이다. 힘찬 목소리로 강연을 계속하다 보면 졸던 사람도 일어나고 분위기도 훈훈해진다. 무엇보다도 강연이 끝났을 때 목은 아프지만 오히려 감성 에너지가 충전된 것이 느껴진다. 일이 감성 노동이 아니라 감성 충전 과정으로 바뀌는 것이다.

감성의 목표를 낮추는 마음 훈련, 당장의 스트레스 관리를 위해서도 중요하지만 무엇보다 내 마음의 행복과 근사함을 지켜 줄 해결책이다.

우울해도
불안해도
행복할 수 있습니다

인생의 기본 감정은 우울

평탄한 인생이 있을까

"야, 너 미친 거 아냐?"

이 말, 한 번쯤은 던져 본 경험이 있을 것이다. 대개 이성을 거치지 않고 초스피드로 내뱉는 경우가 많고 '나 미친 거 아냐? 이런 말을 왜 했지?' 하는 후회가 뒤따르니 상대방과 나를 동시에 미친 사람으로 만드는 꼴이 된다. '미치다'는 정상적이지 않다는 말이다. 비슷한 말로 흔히 쓰는 '사이코'란 단어를 국어사전에서 찾아보면 '비상식적인 행동을 하는 사람을 속되게 이르는 말'이라고 풀이가 되어 있다. "너 사이코 같다." 하면 '넌 정말 비정상이야.'라는 뜻인 것이다.

오래 본 환자와는 가족 같은 분위기라 할까 친밀감이 생겨 농담도 던지게 된다. 그런데 한번은 이런 일이 있었다.

"선생님, 저 요즘 미친 것 같아요. 기분이 오르락내리락하고 가만히 있다가도 울음이 갑자기 나오고 완전 사이코 같아요."

"그러네요, 사이코네요."

답답한 감정을 호소하는 환자에게 웃으며 이렇게 답한 것이다. 환자는 순간 눈이 똥그래지고 놀란 표정을 지었고 이내 두 사람 다 웃고 말았다. 의사의 말은 진단의 성격을 가진다. 그래서 정신과 의사들은 '미치다'나 그와 유사한 단어를 쓸 때 농담이라도 조심스럽다.

무엇이 정상이고 비정상인지는 완벽한 정답이 존재한다 보기 어려운 문제다. 그래서 증상 유무와 더불어, 당사자가 그로 인해 가정이나 사회에서 기능적 어려움을 겪고 있는지를 함께 판단한다. 완전히 정신 나간 듯한 증상을 가진 사람이라도 가정, 직장, 그리고 사회에서 남에게 피해를 주지 않고 정상적인 삶의 기능을 유지한다면 임상적으로는 환자가 아닌 것이다. 본인이 미친 것 같다고 호소하는 사람도 있지만 반대로 미치고 싶다고 호소하는 사람도 꽤 많다. 하기야 필자도 가끔은 미칠 것 같고 때로는 미치고 싶다.

사이코(psycho)라는 단어는 생각과 감정을 뜻하는 프시케(psyche)에서 유래했다. 프시케의 원뜻은 '숨'이다. 사람이 들이쉬고 내쉬는 숨. 거기서 파생되어 '영혼'이라는 뜻도 있다. 그리스 신화에 나오는 프시케는 절정의 미모를 갖춘 미녀다. 사람들이 프시케의 아름다움만 칭송하고 미의 신인 비너스를 소홀히 하자 비너스가 아들 큐피드(에로스)를 시켜 프시케에게 저주를 내렸으니, 뛰어난 외모에도 아무도 프시케에게 사랑한다 외치는 구혼자가 없었다. 그러나 결국 비너스에게 용서를 받은 프시케는 사랑의 신인 큐피드와 행복하게 살았다.

프시케는 '나비'라는 뜻도 갖고 있는데 프랑수아 제라르가 그린 「프시케와 에로스」를 보면 프시케의 머리 위로 나비가 사뿐히 날아가고 있다. 사이코의 어원을 좇다 보면 생명을 뜻하는 숨, 영혼을 전달하는 나비, 그리고 저주를 극복한 절정 미녀와 사랑의 신 사이의 러브 스토리가 줄줄이 나오니 '미친 것 아

프랑수아 제라르, 「프시케와 에로스」(1797, 프랑스 파리 루브르 박물관 소장)

냐'가 마치 '이거 예술이네'처럼 들리는 느낌이다.

예술이 인류의 탄생과 거의 동시에 시작되어 지금까지 번창하는 것은 그것이 인간에게 주는 강력한 감성적 쾌감 때문이다. 그 쾌감에는 인생의 깊이에 대한 이해가 있고 때로는 상처받은 마음을 위로해 주고 용기를 주는 힘이 담겨 있다. 음악을

예로 들어 보자. 음악은 무엇으로 쾌감을 주는가? 한마디로 이야기하면 변화다. 즉 음의 고저, 강약, 속도, 이 세 가지 축의 변화에 여러 음을 동시에 표현하는 화성학적 변화를 첨가해 수많은 변이를 만들어 낸다. 우리 뇌는 그 변이에 깊은 감동과 쾌감을 느낀다.

이 변화라는 창조적 작업이 결국은 작곡자의 마음 변화를 표현한 것이기 때문일까. 작곡가를 포함한 다양한 창조적 예술가들의 삶을 보면 일반인에 비해 여러 정서적 문제가 나타나는 빈도가 훨씬 높다는 사실이 발견된다.

이런 측면에서 최근《영국 정신의학 저널(British Journal of Psychiatry)》에 발표된 논문 결과가 흥미롭다. 정신 질환이 있는 사람과 그 친척 30만 명을 추적 조사한 결과, 양극성 장애 환자와 그 친척 그룹은 정상인에 비해 창조적 직업을 가진 경우가 1.5배 많았다. 지능에 따른 차이를 보완한 후에도 통계적으로 동일한 결과를 보였다. 감성의 변화를 크게 느끼는 환자와 그 유전적 특성을 공유하는 친척들은 지능과 관계없이 예술적 창조성이 더 뛰어났다는 이야기다.

양극성 장애는 흔히 조울증이라고도 하는 것으로 내면 깊이 빠지는 우울증의 시기와 어떤 일도 할 수 있을 것처럼 에너지가 넘치는 조증 시기가 반복되며 정상인에 비해 감정 변화 폭이 훨씬 크다. 우울증 시기에 내면 깊이 경험한 인생의 고뇌와 굴곡을 조증 시기에 창조적 에너지로 전환하는 것일까? 삶을 고통스럽게 하는 병적 증상은 적극적으로 치료해야겠지만, 정상을 넘어서는 비정상적 변이에서 창조성이 기인한다는 것은 시사하는 바가 있다.

미치지 않고 산다는 것, 정상인의 범위에서 상식적인 행동만 하며 산다는 것은 때로 나의 창조성과 도전 의식을 옭아매는 올가미가 되기 쉽다. 사람들에게 인생의 목표를 물으면 "평탄하고 행복하게 살고 싶어요."라 이야기하는 경우가 많다. 그러나 인생은 그 본질 자체가 평탄하지 않다. 큰 파도처럼 속도와 고저의 차이가 존재하며 변화의 연속이다. 이 파도를 억지로 잠재울 수 있는 사람은 없다.

걱정은 정상이다

생각보다 많은 사람들이 걱정에 사로잡혀 객관적으로 보유한 행복 자산들을 즐기지 못하고 불안과 공포에 사로잡혀 산다. 한번은 대기업을 다니다 나와서 자수성가해 남 부럽지 않을 만큼 부를 축적한 40대 남성이 고민을 토로했다.

"선생님, 남에게 부끄러워서 이야기를 못 하겠는데요. 계속 제가 요절할 것 같은 생각이 들어 괴로워요."

운동선수처럼 건장하고 강인한 인상의 쾌남이었는데 건강 걱정 탓에 유수의 각기 다른 대학 병원에서 1년에 세 번이나 검진을 받고 있었다. 검사 결과는 항상 깨끗했고 의사들도 건강하니 걱정 말라고 따뜻한 격려의 말을 해 주었으나 평안이 오래가지 않았다. 면담을 통해 보니 우울증을 동반한 신상 염려증이 있었다.

위의 예처럼 우울증 등 정신 질환은 병적 수준의 걱정을 낳는다. 그렇다면 걱정이 많은 것 자체가 모두 병적인 것인가? 그렇지 않다. 일반적으로 우리가 하는 생각의 70퍼센트 정도는 부정적이다. 다시 말하면 부정적인 생각이 뇌에서 끊임없이 생산되는 것 자체는 정상이다. 그 부정적인 생각에 빠져들고 집착하는 것이 문제다.

필자도 얼마 전 부정적인 생각에 휩싸인 적이 있었다. 소변에 왠지 거품이 많다는 생각이 들었는데, 그날따라 신장내과

선생님이 거품이 많으면 단백뇨가 의심된다고 강의한 기억이 떠올랐다. 한번 이 생각에 사로잡히자 혼자서 진단하고 투석하고 말기 신장 환자가 되어 신장을 이식받는 상상까지 하며 환자가 다 돼 있었다. 그다음 날 소변 검사를 하고 결과가 나오기까지 부들부들 떨다가 정상이란 이야기를 들었을 때 다시 살아난 것처럼 안도의 한숨을 쉬는 나를 보면서 바로 직전까지 나를 환자로 만든 생각들에 웃을 수밖에 없었다.

걱정이 많은 사람은 열등한 사람인가? 그렇지 않다. 사실 걱정은 생존을 위한 진화의 산물이다. 즉 걱정이 많은 사람은 더 진화한 사람이고 생존력이 강한 사람이라 볼 수 있다.

당뇨병이 무서운 이유는 단순히 혈액 내 당 수치가 높기 때문이 아니다. 당 수치가 오랫동안 높게 유지되면 합병증으로 신경에 고장이 나 통증이 느껴지지 않는다. 통증이 없다는 것, 일견 좋아 보이나 그렇지 않다. 예컨대 발가락에 계속 압박이와 혈액 순환이 되지 않고 염증이 생겨도, 통증이 느껴지지 않아 자세를 교정하지 않으니 산소 공급을 받지 못한 발가락이 썩게 된다.

불안이라는 마음의 통증도 우리의 생존과 직결된 신호다.

불안감이 전혀 없는 사람은 진화 과정에서 도태되었을 것이다. 부정적인 감정 반응은 곧 생존의 힘이다. 고맙기까지 한 녀석이다. 걱정하기 때문에 그만큼 대비를 하고 준비를 하는 것이다. 걱정, 즉 부정적인 생각은 우리에게 위험을 알려 주는 신호인 것이다. 문제는 그 신호에 지나치게 사로잡히는 데 있다.

그러면 부정적인 생각과 걱정, 양면의 칼을 가진 이것을 어떻게 다스려야 하는가? 일반적으로 크게 두 가지 방법을 사용한다.

하나는 의지로 찍어 누르는 것이다. 일시적 효과는 있을지 모르나 찍어 누를수록 더 커지는 것이 걱정의 특징이다. 통상 의지력이 약한 사람이 걱정을 많이 한다고 생각하기 쉽다. 그러나 반대인 경우가 더 많다. 사회적 성공의 중요한 요인인 강한 의지력과 세심한 감수성을 가진 사람이 지나친 걱정에 빠져 고통받는 경우가 흔하다.

최근 들어 많은 자기 계발서에서 긍정적인 사고를 강조한다. 걱정에 대해 긍정적인 생각을 내밀어 대항하라 한다. 도움이 될 수 있다. 그러나 이것은 부정적인 생각에 긍정적인 생각을 뒤섞어 뇌를 더 힘들고 복잡하게 할 수 있다. 24시간 음울한 이야기만 나오는 라디오와 24시간 행복한 이야기만 나오는 라디오를 동시에 켜 놓고 듣는다고 생각해 보라!

'걱정은 정상'이라는 생각에서 열쇠를 찾아야 한다. 인생은 본래 약간 우울하지 않나 싶다. 높이 올라간 사람도 언젠가는 내려가야 하고 매력적인 미인도 늙음은 피할 수 없다. 건강 관리를 아무리 열심히 해도 결국은 흙으로 돌아가는 것이 인생이다.

우울한 감정 자체는 비정상이 아니다. 어찌 보면 그 또한 우리가 받아들이고 적극적으로 즐겨야 할 삶의 감성 콘텐츠다. 병적으로 심한 우울 장애는 적극적인 치료가 필요하겠지만 우울한 감정 자체를 병으로 여겨 억지로 조정하고 없애 버리려는 노력은 오히려 우리 삶을 피로하게 한다. 소진 증후군의 원인이 되는 것이다. 우울해도 행복할 수 있다, 심지어는 우울할수록 행복할 수도 있다는 역설에 한 표를 던지고 싶다. 조금은 염세적으로 사는 것이 오히려 행복감을 준다는 심리철학의 조언, 생각해 볼 만하다.

걱정을 만들어 내는 자아와 그것을 처리하는 자아를 분리하는 훈련이 필요하다. 본질적인 해결책은 성공에 대한 정의를 바꾸는 것이다. 위인전 속의 위인들은 뚜렷한 목표 의식을 갖고 현실을 희생하며 달려가 그런 성과를 얻은 것으로 그려진다. 그러나 미래에 대한 목표만을 갖고 달리는 사람은 현실에 대한 만족을 느낄 수 없고 목표를 성취할 수 있을지 늘 두려움과 걱정에 휩싸이게 된다. 정신 건강 측면에서 성공의 잣대는 '오늘 내가 가치 있는 일을 하고 있는가'이다. 나는 바로 지금 성공할 수 있는 것이다. 미래를 위해 오늘을 희생하지 말자.

" 마음을
물끄러미 바라볼 때
진정한 쉼이 시작됩니다

감성의 목소리를 받아들이는 기술, 마음 챙김

불안은 신호일 뿐이다

우울, 불안, 감정의 오르내림은 정상 신호다. 부정적인 감정은 무조건 없애 버리려고 하는 강박이 오히려 우리 감성을 더욱 힘들게 한다. 지친 뇌는 더 이상 이성의 통제를 견딜 힘이 없다. 감성을 자연스럽게 받아들이는 '수용'의 마음 훈련이 필요하다. 부정적인 감정은 감성 시스템의 자기표현이기에 억지로 찍어 누르는 것이 아니라 자연스럽게 수용할 때 감성이 자신의 아픔을 인정해 준다고 느끼고 위로를 받는다.

감성을 잘 위로하고 사랑해 주는 것이 수용이다. 감성의 거친 파도를 잠재울 수 없다면 이 파도를 즐기자. 가끔은 평탄함에 대한 강박에서 벗어나 마음껏 세상의 굴곡을 느껴 보자. 거기서 창조적 쾌감을 만날 수 있다. 수용이라는 마음 서핑 방법, 어떻게 하는 것일까?

마음을 통제하지 말고 수용하라는 것은 주어진 상황을 수동적으로 받아들이라는 말이 아니다. 파도를 타듯 능동적으로 마음을 즐기라는 것이다. 통제는 파도를 없애 버리려 노력하는 것이다. 그러나 자연의 흐름인 파도를 어떻게 통제할 수 있단 말인가? 방파제를 쌓아 막은들 그것이 행복은 아니다. 물이 고여 썩을 뿐 가치 없는 행동이다. 수용은 파도를 멈추려고 하는 것이 아니라 파도로 뛰어들어 그것에 몰입하는 것이다.

우리 현대인, 정말 열심히 산다. 직장인은 하루 종일 일하고 자기 계발에 힘쓰며, 엄마들은 육아와 교육을 위해 자기 존재도 잊은 채 에너지를 쏟아붓는다. 그러나 몰입은 열심히 사는 것과는 다르다. 열심히 사는 것이 사회적 역할을 충실히 하기 위해 하고 싶지 않은 일도 감성 에너지를 태우며 달려가는 것이라면, 몰입은 내가 이루어 놓은 것과 내 주변을 감싸고 있는 것들을 찬찬히 그리고 깊이 빠져들어 관찰하는 것이다. 그 관찰을 통해 행복의 재료들이 실제 행복한 마음으로 완성된다.

생존에 대한 불안은 강박이라는 반응을 유발한다. 강박은 완벽함을 추구한다. 그러나 세상에 완벽한 것은 없다. 그렇기에 쉽게 피곤해지고 열심히 노력하는데 역으로 삶은 비효율적으로 흘러간다. 강박은 생존을 위한 노력에서 비롯하지만 완벽에 대한 강박적 집착은 감성 시스템의 자연스러운 몰입을 방해한다. 결국 불안이라는 신호가 낳은 허구의 삶, 생존에 급급한 삶에 갇혀 살게 된다.

남북 관계가 다소 경색됐을 때의 이야기다. 불안 장애가 있는 친척한테 전화가 왔다. 북에서 핵미사일을 발사해 전쟁이 일어날지도 모른다는 불안감에 해외로 나가려고 한다는 것이다. 전화를 건 이유는 항불안제 복용법에 대해 문의하기 위해서였다. 비행기 타는 것이 공포스러워 항불안제가 필요하다는 것이다. 전쟁도 무섭고 외국 가는 길도 무섭다. 참 힘든 인생이다. 그런데 그 와중에 필자 걱정도 해 주었다.

"오빠는 전쟁 나면 어떻게 할 거야?"

"아, 난 미사일 떨어지는 데로 달려가 죽어 버릴 거야. 이만큼 잘 살았으면 됐지, 뭐."

그러자 박장대소하며 전화를 끊었다. 왜 웃었을까? 불안이라는 허구에서 잠시 빠져 나와 현재를 느꼈기 때문이다. 사람은 언제고 죽는다. 죽지 않으려고 사는 것이 아니라 무언가를 하기 위해 살아야 한다. 생존이 아닌 가치를 위해 살아야 한다.

마음을 관찰하자

불안에는 크게 두 가지가 있다. 하나는 과거에 대한 후회이고, 또 하나는 미래에 대한 염려다. 따라서 불안에 사로잡히면 현재가 없어진다. 실제로 행복과 삶의 가치를 느끼는 것은 현재인데 이 현재가 없어지니 삶에 문제가 생긴다. 부정적인 생각에 너무 매몰되어 50퍼센트 이상 빠져 살게 되면 현실이 없어져 행복할 수 없는 것이다.

가치 있게 살기 위해서는 우선 불안이라는 신호가 만드는 허구에서 빠져나와야 한다. 신호는 신호일 뿐이다. 실제가 아니다. 내 삶이 불안에 송두리째 빠져드는 것을 막으려면 신호와 실제 삶의 연결 고리를 끊어야 한다. '병에 걸리면 어떡하

214

지.' 하는 걱정은 그냥 신호다. 그런데 이 신호가 내 삶을 좌지우지하게 되면 현재의 삶이 없어진다. 매일 병 걱정을 하며 살아야 하고 몸에 조그만 이상이 생겨도 병원에 꼭 가야 한다. 검사를 받고 이상이 없다는 결과가 나와도 믿지 못하고 계속 다른 병원을 찾게 된다. 신호는 단지 '너무 무리하지 말고, 몸도 챙기고 가끔 건강 검진도 받아 봐.' 정도인데 이것이 마치 내 몸에 진짜 병이 있는 것처럼 허구의 믿음을 만들어 우리 삶을 다 망쳐 놓는 것이다.

이런 불안 신호의 공격은 일상에 항상 존재한다. 언젠가 퇴근 후 편하게 쉬려는 마음에 소파에 앉아 텔레비전을 켰다. 그런데 마침 나오는 먹거리 관련 고발 프로그램을 보고 있자니 머리가 무거워지고 세상 살기가 무서워졌다. 내가 좋아하는 냉면, 만두, 떡볶이, 튀김 등 마음 편히 사 먹을 음식이 없었다. 병원 앞 단골 길거리 분식집이 떠오르며 불쾌감이 들었다. 다시는 가나 봐라 다짐했던 기억이 난다.

그러나 조금만 더 생각해 보자. 먹기 위해 사는 것이 옳은가, 살기 위해 먹는 것이 옳은가? 삶의 방향에 대한 중요한 문제다. 생존의 목적은 가치에 있다. 생존은 그 자체로는 삶의 가치가 되지 못한다. 사람의 가장 큰 욕구는 내가 왜 사는가 하는 삶의 의미에 대한 탐구다. 정말 가치 있는 일이라면 목숨도 내던질 수 있는 것이 인간임은 이미 역사를 통해 충분히 증명되어 있다. 우리와 다른 사람들의 이야기가 아니다.

불안 신호와 내 실제 삶이 연결돼 버리는 것을 심리학 용어로 '인지의 융합'이라 한다. 그것을 끊는 것은 '인지 해제'라 한다. 인지 해제의 한 방법으로 편하게 이용할 수 있는 방법이 바로 '마음 챙김(Mindfulness)'이다. 마음 챙김은 자신의 마음을 판단하지도, 행동 변화를 위한 결정도 하지 않고 마음을 물끄러미 바라보는 마음 관찰하기 테크닉이다. 마음 챙김은 수용 전략의 하나로, 낯설고 새로운 기술이 아니라 우리 뇌 안에 이미 존재하는 기술이다. 너무 통제만 하며 살다 보니 기술이 다소 퇴화되었을 뿐, 다시 스위치를 켜 엔진을 가동하기만 하면 된다. 물론 약간의 훈련이 필요하다.

넘쳐 나는 정보와 사회의 요구에 맞추려다 보니 우리 현대인의 감성이 한계치에 다다를 정도로 지쳐 있다. 잘나가는 연예인의 멀리 떠나고 싶은 마음은 증상이지 해결책이 되지 못한다. 당장 닥친 스트레스를 날리기 위해 감행한 먼 여행이 더 큰 피로만 가져오기 일쑤다. 쉬는 것이 생존만큼이나 쉽지 않으니 이중고다. 감성이 행동과 사고에 거미줄처럼 얽혀 자동화된 프로그램처럼 맞물려 돌아가기에 제대로 쉬기가 어렵다. 근무 시간 슬쩍 나와 쉼을 즐기던 분식점마저 고발 정보와 내 감성이 엮이면서 회피라는 자동화된 행동 패턴을 만들어 버리니 쉴 곳이 점점 없어지고 만다.

쉼을 얻는다는 것은 생존을 위해 즉각적인 반응만을 하다 지친 감성 시스템에 부드러움과 편안함을 주는 것이다. 공격 상태에서 평화 상태로 전환하는 것이다. 그러기 위해서는 감성과 행동의 연결을 풀어 주어야 한다. 운전할 때 누군가 끼어들면 확 가속 페달을 밟으며 빵빵 경적을 울린 적이 있는가? 상대 운전자의 몰상식에 분노를 느끼며 욕한 적이 있는가? 자동화되어 버린 공격형 감성-행동 패턴인 것이다.

여유 없이 바쁜 세상이라 하지만 그것이 정말 물리적인 바쁨일까? 1초 단위로 살아야만 하는 사람이 정말 있을까? 그것은 실제의 쫓김이 아니라 마음속에 있는 허구의 쫓김이다. 누군가 내 차선으로 끼어든다면 그때의 내 마음을 그냥 관찰해 보자. 분석하지도 행동하지도 않는다.

부정적인 감정은 경고의 신호일 뿐 진실은 아니다. 부정적인 감정에 반응하지 않을 때 우리 감성 시스템은 주변을 평화 상태로 인식하고 쉼에 들어간다. 그 쉼 안에서 새로운 삶의 의미와 창조성이 재충전된다.

> ## " 여름 휴가, 잘 준비하고 있나요?

뇌의 휴식이 최고의 바캉스

휴식은 아무것도 안 하는 것이 아니다

수용과 마음 챙김, 느낌은 오는데 어떻게 해야 하는지 알 듯 말 듯하고 어렵게 느껴질 수도 있다. 사실은 어렵지 않다. 수용과 마음 챙김은 이미 뇌 안에 프로그램 되어 있는 기능이다. 수용, 마음 챙김이란 단어에 집중할 필요는 없다. 뇌의 휴식이란 쉽게 말해 불안 생존 시스템의 과도한 작동을 줄이고 연민 이완 시스템의 작동을 원활하게 하는 것이다.

최근 스트레스 관리 이론에 큰 변화가 있으니, 문제점을 찾아서 교정하고 수정하는 통제 위주 치료에서 내가 처한 상황을 그 자체로 받아들이고 이해하는 수용 위주 치료로 바뀌고 있다는 것이다. 통제 위주 치료 방식에 문제가 있다기보다는 우리 뇌가 처한 환경이 바뀌어서 그렇다.

과거에는 감성 에너지가 풍부하나 그 감성을 사용하는 이성의 통제 전략이 미흡해 통제 전략을 강화하는 기술들이 주를 이루었다. 시간 관리, 긍정적 사고 등 수많은 자기 관리 기법이 통제 전략에 기인한다. 그러나 현재 우리는 감성 에너지의 과도한 사용으로 감성 시스템이 소진된 상태이다. 지칠 대로 지친 감성 에너지를 더 쪼아서 얻어 낼 것이 없다. 그래서 감성 에너지를 충전해 주는 전략이 필요하니, 그것이 수용 위주 치료이다. 수용 위주 치료의 대표적인 이론이 수용 전념 치료 이론과 연민 집중 치료 이론이다.

앞에서 이야기한 것처럼 사람의 생존과 성취는 불안 생존 시스템과 깊이 연관되어 있다. 우리는 막연히 생존하고 성공하면 행복하고 편안할 것이라 믿는다. 그런데 그렇지가 않다. 생존 자체에 문제가 있으면 당연히 불안하겠지만 누릴 것을 충분히 가지고도 불안이 계속될 수 있다. 마음이 계속 불안한 방향으로 작동하기 때문이다.

마음의 불안을 술, 담배, 쇼핑과 같은 빠른 자극으로만 풀다 보면 일시적인 효과는 있으나 불안 시스템을 더 강화하는 악순환만 생긴다. 연민 이완 시스템을 잘 작동시키는 것이 중요하다. 불안 생존 시스템이 생존과 성취를 담당한다면 연민 이완 시스템은 삶의 소중한 콘텐츠에 대한 몰입과, 아픔에 대한 너그러운 수용을 담당한다. 두 시스템은 적대적 관계가 아니라 상호 보완적인 관계다. 가장 멋진 인생을 사는 사람은 치열하게 살면서도 순간순간 자신의 현재 삶에 몰입해 즐길 수 있는 사람이다.

같은 일을 할 때도 숙제처럼 여기며 하느냐, 아니면 그 자체의 의미와 가치를 충분히 느끼며 하느냐에 따라 차이가 난다. 작은 차이인 것 같으나 인생의 후반부로 갈수록 삶의 질이 달라진다. 숙제란 내일을 위해 오늘을 희생하는 것이다. 계속 오늘을 희생하다 보면 남는 것이 없다. 오늘을 최대로 즐기는 것이 감성 에너지를 다시 충전하는 방법이다.

이 책을 읽으면서도 빨리 읽고 그다음에 무얼 할지 생각하고 있는가? 몰입이 없는 속도 중심 삶이다. 진화론적으로 보면 스피드에 강한 인류만이 살아남았다. 몰입에 강한 사람은 위험에 노출될 가능성이 높기 때문이다. 아름다운 꽃에 심취하여 주위를 살피지 않으면 달려오는 코뿔소를 보지 못해 목숨이 위험할 수 있다. 그러나 몰입 없이 생존만을 위한 생존은 삶의 가치를 앗아 간다. 몰입은 내 뇌에 안락과 휴식을 주는 행위인 것이다.

제대로 쉬는 여행이란

'현실을 떠나 어디론가 멀리 가서 쉬고 싶다.'

'함께 여행을 가 멀어진 관계를 회복하고 싶다.'

사람들은 이렇게 나름의 기대를 안고 휴가를 떠난다. 그러나 휴가 여행은 기대와 현실이 항상 어긋난다는 점에서 인생의 작은 축소판인 듯싶다. 큰 기대를 품고 기다리고 기다리다 출발하나 막상 여행지에 도착하면 상상하던 것과는 달라 실망감에 빠지는 경우가 적지 않다. 이럴 바에는 차라리 집에나 있을걸 하는 후회가 들기도 하고 다음에는 더 멋지고 더 안락한 곳에서 여행해야지 하며 새로운 기대를 가져 보기노 하지만, 반복되는 실망감에 허탈해지기 일쑤다. 일하는 것도 힘든데 쉬기 위한 여행마저도 참 어렵다.

미간에 내 천(川) 자가 깊게 파인 50대 후반 남성이 삶이 지치고 힘들다며 고민을 털어놓았다. 접대 골프도 싫고 휴대 전화 벨 소리만 들려도 짜증이 난다는 것이다. 몸이 편찮은 부인의 비위를 맞추기 위해 노력하나 부인이 이런 노력도 몰라주고 짜증을 낼 때면 자신도 참다 참다 폭발한다 했다. 혼자 어디론가 훌쩍 여행을 떠나고 싶은데 그것도 부인 간호가 마음에 걸려 뜻대로 할 수 없다 호소했다.

수차례의 상담을 거친 후, 다소 편안해진 얼굴로 방문해 부인과 함께 일주일간 해외여행을 가려 한다고 했다. 이참에 소원했던 부부 관계도 돈독히 하고 개인적인 스트레스도 날려 버리고 싶다며 조언을 구하기에 다음 두 가지를 꼭 지킬 것을 당부했다.

하나는 여행은 끝이 중요하다는 것. 시작이 아무리 좋아도 끝날 때 기억이 엉망이면 여행 전체가 그렇게 기억된다. 특히 분위기 좋아진 여행 마무리에 부인이 과거 섭섭한 일들을 꺼내며 이야기할 때, 속에서 내가 여행까지 다 준비했는데 또 옛날

이야기냐 울분이 치밀어도 끝까지 참으라고 신신당부했다. 두 번째는 잠깐이라도 혼자만의 시간을 갖고 삶을 돌아보라고 했다. 2주 후, 필자의 얼굴을 보자마자 손을 꼭 잡고 고맙다며 한마디 한다.

"선생님 말씀대로 여행 초반에는 분위기가 좋았는데 막판에 아내가 옛날 이야기를 꺼내더군요. 확 끓었는데 꾹 참았습니다. 선생님 핑계 대고 각자 혼자 있을 시간을 잠깐 갖자고 했는데 그때 마음도 달래고 삶도 돌아보니 한결 편안해졌어요."

"여행을 다녀오는 게 도움이 될까요?" 우울증 등 스트레스 문제에 시달리는 사람들에게 자주 듣는 질문이다. 아예 일을 그만두고 시골에 내려가 조용히 살고 싶다며 인생의 긴 휴가를 생각하는 사람도 있다. 그럴 때마다 내 대답은 '노'다. 먼저 마음을 편히 하고 그다음에 여행을 가라고 말한다. 마음만 편안하면 번잡한 도시, 일에 치이는 사무실에서도 쉼과 여유를 향유할 수 있는 것이 우리의 정서 시스템이다. 회사도 그만두지 말라고 한다. 나중에 도피하고 싶은 마음에서 빠져나와 일상으로 돌아오면 멀쩡한 직장 그만둔 것을 후회하게 된다고. 모두들 나중에 고맙다 한다. 직장 다시 구하느라 더 스트레스 받을 뻔했다며.

어디론가 멀리 떠나고 싶은 자유에 대한 충동, 그 충동의 동기는 진정한 안식일 것이다. 클릭 몇 번으로 패키지 여행 상품을 쉽게 살 수 있는 세상이지만 그 안에 여행의 만족감까지 포함되어 있지는 않다. 마음이 깊이 상해 있고 불안과 걱정에 사로잡혀 있으면 아무리 조용하고 한가로운 곳을 찾아가도 오히려 그 무자극이 부정적인 생각을 만들어 낸다.

현실에서 멀어지고 싶어 먼 여행지를 선택하나 긴 비행 시간에 뇌는 더 지치게 되고 이국적인 곳일수록 현실과 다른 불편함에 적응하기 위해 스트레스 레벨을 높이게 된다. 시차로 수면 문제도 생긴다. 갈수록 뇌는 더 피로해지고 원했던 자유로움도, 쉼도 느끼지 못한다. 뇌에 휴식을 받아들일 여유가 없으면 멀고 이국적인 여행은 스트레스를 가중할 뿐이다.

관계 회복을 위한 여행도 목적은 좋으나 비극으로 끝나기 쉽다. 여행하는 동안 쌓인 신체적 피로가, 불안정한 관계가 주는 심리적 피로와 겹쳐 주변 경관의 아름다움도 긍정적인 요소로 작용하기 어렵다. 좋은 관계도 여행 가서 싸우고 소원해지는 경우가 많다. 가능하면 관계를 회복하고 난 후 여행길에 오르는 것이 좋다.

스트레스가 심할 때는 기차나 버스를 이용한 국내 여행을 권한다. 장시간 운전이나 긴 비행에 따른 피로가 없어 좋다. 창문에 스쳐 지나가는 풍경을 물끄러미 바라보는 것만으로도 명상을 할 때와 같은 효과가 있다.

위로가 되는 아주 친밀한 동반자가 아닐 바에는 혼자 가는 여행을 추천하고 싶다. 휴대 전화기도 끄고 노트북도 가져가지 말아야 한다. 최근 생활을 돌아볼 때 24시간 동안 뇌에 완벽한 자유를 허락한 적이 있었는가? 많은 자기 계발서가 끊임없이 뇌를 자극하고 계발하라 하나 현대인에게 필요한 것은 오히려 정보가 없는 무자극의 시간이고 이것이 최고의 뇌 기능 항진법이다. 가족 여행, 관계 회복을 위한 여행에서도 함께하는 여행 안에 혼자만의 시간을 잘 섞는 것이 중요하다. 인간이 쉼을 얻는 것도 관계요, 고통을 받는 것도 관계이기에.

바캉스(vacance)는 라틴어로 자유를 얻는다는 말에서 유래한다. 자유란 연민 이완 시스템을 작동하는 열쇠다. 일하기 위해 바캉스를 가는 것이 옳은가, 아니면 바캉스를 위해 일하는 것이 옳은가? 심리철학적으로는 후자가 정답이 아닌가 싶다.

"인간 불행의 유일한 원인은 자신의 방에 고요히 머무는 방법을 모른다는 것이다."

철학자 파스칼의 말에서 진정한 쉼을 주는 여행에 대한 조언을 얻을 수 있다.

자연과의
교감을
즐기세요

마음의 충전은 느린 여유에서 온다

봄의 나른함이 불편한 사람들

"선생님, 전 고3 남학생입니다. 의대 진학을 목표로 하고 있고 2학년 때 성적도 좀 올라서 겨울 방학 때 정말 열심히 노력했어요. 이제 새 학기가 되었으니 새로운 각오로 페이스를 올려야 하는데, 봄이라 그런지 나른하기만 하고 집중이 안 됩니다. 집중하려고 애쓰다가도 어느새 도서실에 쓰러져 자고 있지를 않나, 춘곤증 때문에 힘들어 죽겠어요. 이렇게 의지력이 약

228

했나 자책하는 마음도 들고……. 이러다 다 망치는 것 아닌가 불안해요."

"선생님, 전 40대 싱글 여성입니다. 강의도 하고 글도 쓰고 있어요. 마감을 해야 하는 책이 많아 노력했는데 겨울이란 긴 시간을 제대로 활용하지 못했습니다. 제가 완벽을 추구하는 성격인데 봄이 되어 심기일전 다시 노력하려 하는데 집중은 잘 안 되고 마음만 불안합니다. 다 때려치울까 하는 극단적인 생각도 드네요."

봄은 새로운 시작의 상징이다. 회사도 워크숍을 통해 새로운 한 해를 계획하고 개인도 흐트러졌던 마음을 다지고 올 한 해도 열심히 살아 보자 하며 계획을 세운다. 그런데 이 새로운 시작의 계절이 영 만만하지가 않다. 한없이 사람을 나른하게 만든다.

춘곤증. 봄철에 나른하고 쉽게 피로를 느끼는 현상을 일컫는다. 부모 입장에서 계획표만 벽에 잔뜩 붙여 놓고 꾸벅꾸벅 책상 앞에서 졸고 있는 자녀를 보고 있노라면 그런 정신력으로 어떻게 살려는지, 정신 차리란 말이 안 나올 수 없다.

성인이라고 다를 것이 없다. 멋진 계획을 세운 지 하루, 이틀이 지나면 애초의 계획에서 빗나가는 경우가 생기기 마련인데 그때마다 자신감을 상실하고 나태함과 약한 의지력을 심하게 꾸짖는다.

'난 안 돼, 벌써 3월을 다 날려 먹었네. 4월부터는 꼭 힘내서 잘해 봐야지. 아까운 3월, 난 왜 이렇게 의지가 약할까…….'

봄, 여름, 가을, 그리고 겨울이 일반적으로 생각하는 계절의 순서라면 스트레스 의학의 관점에선 여름, 가을, 겨울, 그리고 마지막이 봄이 아닌가 싶다. 즉 봄이 새로운 시작의 알림이 아니라 한 시즌의 마무리인 것이다. 요즘은 겨울이 참 춥나. 추운 날씨는 사람을 긴장시킨다. 지금이야 따뜻한 집에서 지낼 수 있고 두꺼운 오리털 파카로 여유롭게 한기를 막아 내지만 과거 추위는 사람의 생명을 앗아 가는 무서운 존재였다. 먹을 것을 찾기도 어렵고 오직 살아남기 위해 버텨야 하는 계절이었다. 연말연시의 낭만과는 차이가 있었다.

그런 기억이 우리 감성 시스템에 남아 날씨가 추워지면 감성을 전투 수준으로 한껏 예민하게 돋워 놓는다. 겨울이 되면 불안이나 불면으로 병원을 찾는 환자 중 적지 않은 어르신들이 딱히 스트레스 받을 일도 없는데 증상이 악화되었다고 말한다.

추위가 무의식에 잠재된 죽음의 공포를 깨우고 불안감을 증가시킨 것이다.

올해의 봄이 지나면 내년까지 기다려야 봄이 온다. 봄은 나른한 이완의 계절이다. 추운 겨울 움츠러들고 경직되었던 몸과 마음을 녹이는 계절이다. 조물주가 날씨를 통해 우리에게 이완 훈련을 시켜 주는 계절이다. 삶의 감성 에너지는 느린 이완 속에서 충전된다. 봄은 이전 시즌에 쌓였던 스트레스 덩어리들을 풀고 새로운 시즌을 준비하는 시기다. 선발 투수가 아닌 마무리 투수인 것이다.

고3 학생이 나른해지는 것, 너무나 당연하다. 추운 날씨에 열심히 공부하며 얼마나 힘들었겠는가. 공부가 좋아서 하는 사람이 몇이나 있을까? 감성 노동은 서비스업 종사자만 하는 것이 아니다. 하기 싫어도 해야 할 일을 하는 것이 감성 노동이다. 그 과정에서 뇌에 쌓인 심리적 스트레스를 털어 내는 것이 스트레스 관리이고, 스트레스를 관리하는 최선의 방법은 마음을 느리게 이완시키는 것이다. 그렇기에 봄은 내 마음을 충전할 수 있는 최고의 계절이다. 나 같은 정신과 의사보다 훨씬 뛰어난 힐링 방법이다. 게다가 비용도 거의 들지 않는다.

조언을 구해 온 고등학생에게 답해 주었다.

"공부하느라 힘들었죠? 새로운 시작을 위해 너무 긴장하지 말고 봄의 나른함을 최대한 즐기도록 해요. 지나친 통제로 감성이 지쳐 오히려 효율이 떨어진 세상입니다."

무슨 일을 하든, 어떤 삶을 살든 꼭 필요한 것이 창조성과 도전 의식이다. 창조성은 감성 시스템이 제공하는 것이다. 도전 의식도 강한 의지를 통해 얻어지는 것 같지만 사실 의지력만으로는 오래가지 못한다. 삶의 가치라는 에너지가 끊임없이 공급될 때 도전 의식도 유지된다. 삶의 가치 또한 감성 시스템이 제공하는 에너지다. 결국 감성이 지치고 퍼져 있으면 창조성과 도전 의식이 메마른다.

따뜻한 봄 햇살과 함께 포근히 내려앉는 잠과 나른한 기분을 최대한 향유하자. 이러면 안 되는데, 나태해지면 안 되는데 하지 말고 봄의 기운에 몸을 맡겨 보자. 억지로 자신을 채찍질하며 몰아세우는 것보다 훨씬 자연스러우면서도 강력한 삶의 동기가 느껴질 것이다. 우리가 생존을 위해 열심히 사는 이유는 봄의 아름다움을 즐기기 위해서가 아닐까? 봄의 따뜻함이 생존에 방해 요소로 느껴신다면 이것이야말로 슬픈 일 아닐까 싶다.

두 번째 사연의 여성에게도 봄을 즐기라 말해 주었다. 물론 완벽을 기울이는 것은 일을 하는 데 중요한 요소다. 사람은 완전함에 대한 갈망과 환상이 있다. 그러나 그 환상만큼 완전한 것은 현실에 있을 수 없다. 완벽함에 대한 강박은 불안한 마음의 한 표현이다. 자신을 너그럽게 대하지 못하고 계속 다그치는 것이다. '더 완벽해야 해, 지금에 만족하면 안 돼.'라면서.

봄은 심기일전 다시 노력하는 계절이 아니라 심기일전으로 지친 몸과 마음을 보듬는 계절이다. '대충 사는' 여유가 절실한 시대다. 나른함을 즐기는 것이 불안할 수 있다. 이대로 완전히 나태해져 아무것도 생산하지 못하는 무능력자가 되지 않을까 하는 두려움이 들 수 있다. 현대인의 슬픔은 따뜻한 여유마저 불안으로 반응하는 완벽에 대한 강박에 있지 않나 싶다.

하루 10분, 사색하며 걷기

명상과 요가, 최고의 이완 운동이다. 잘 맞는 사람에게는 효과가 크다. 그러나 잘 맞지 않는 사람도 많다. 연민 이완 시스템을 작동시키는 훈련으로 가장 쉽고 필자가 권유하고 싶은 것은 사색하며 걷는 것이다.

사색하며 걷기를 권유하면 다들 평소에도 생각 많이 하면서 걷는다고 한다. 무슨 생각이냐 물으면 주로 집안 걱정, 회사 걱정이다. 운동을 하면서도 불안 생존 시스템을 작동하고 있는 것이다. 운동을 숙제처럼 하니 스트레스 시스템이 과도하게 작동한다. 병 주고 약 주는 셈이다.

'나 병에 걸리면 안 돼, 그러니까 열심히 운동해야지.'라 생각하며 하는 운동과 '오늘은 햇살도 바람도 참 좋구나.'라고 자연을 즐기며 하는 운동은 요와 변에서 차원이 다르다. 그래서 필자는 운동이라는 말보다는 '자연과의 자연스러운 교감'이란 말을 좋아한다.

나른함을 즐기는 한 테크닉으로 하루 10분 사색하며 걷기를 권한다. 키워드는 하늘, 사람, 날씨다. 먼저 하늘을 본다.

'아, 오늘 화창하게 파란 하늘이구나.'

그리고 지나가는 사람을 본다.

'저 사람은 왜 우울해 보일까? 저 사람은 너무 바빠 보여. 저 사람 화사하게 웃는 게 보기 좋네.'

그리고 날씨를 느껴 본다.

'어제보다 더 날씨가 따뜻해졌네.'

한가한 이야기다. 그런데 이 한가함이 긴장감에 지친 우리 뇌의 회전 속도를 늦추고 이완의 감성 시스템을 작동시킨다. 마음의 충전은 느린 여유로움에서 찾아온다.

사색하며 걷는 것은 마음의 여유뿐만 아니라 몸의 건강에도 절대적 도움을 준다. 다년간의 진료 경험이 쌓이면서 알게 된 사실 하나, 나이 들면 다 똑같다는 말은 거짓이다. 70세 어르신들의 뇌 영상 사진을 보면 정말 천차만별이다. 심한 퇴행성 변화를 보이는 사람도 있지만 30~40대 청장년의 뇌를 그대로 유지하고 있는 사람도 많다.

다음 장의 사진은 모두 70대 여성의 뇌 영상이다. 뇌의 노화 즉 퇴행성 변화는 뇌세포 수가 줄어들어 뇌가 위축되는 것이다. 위축된 부분은 영상에서 까맣게 나타난다.

왼쪽 사진은 뇌세포로 꽉 차 있다. 노화 현상이 거의 보이지 않는다. 흰색 원 안의 조직이 해마인데 까만 빈틈이 보이지 않는다. 반면 오른쪽 뇌 사진은 군데군데 까만, 즉 빈 부분이 많다. 해마도 위축되어 있다. 대외 활동이 활발했던 여성인데 자기 관리가 소홀했는지 이후 치매가 나타났다. 왼쪽 사진의 여

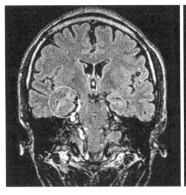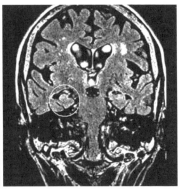

뇌 영상 사진 비교

선은 오히려 중풍과 치매 사폭틱이 가능했다. 그러나 본인은 저렇게 젊은 뇌를 유지했다. 들어 보니 20년간 꾸준히 수영을 했다고 한다.

꼭 수영이어야 하느냐? 그렇지 않다. 하고 싶은 운동을 하면 된다. 걷기의 이점은 고령화 사회에서 아흔 살이 넘어도 할 수 있는 운동이라는 것이다. 필자도 산악자전거와 사이클을 즐기지만 나이 들어서까지 할 수 있는 운동은 아니다. 사색하며 걷기는 내 삶의 기본적인 콘텐츠로 친해질 필요가 있다.

천천히 걸으면서 하늘, 사람, 날씨를 생각해 보고 이완을 즐긴다. 앞에서 이야기한 마음이 소탈해지는 연습도 같이 해 본다. 내 삶의 의미, 목적을 소탈하게 튜닝하는 것이다. 아침에 눈떠서 정신없이 해야 할 일을 하고 술 한잔 하고 다시 잠드는 생활의 반복에선 삶의 성과물이 충분히 쌓여도 허무에 빠지기 쉽다. 내 삶의 가치를 느낄 시간조차 없기 때문이다.

하루 10분 사색하며 걷기로 감성의 연민 이완 시스템을 활성화하고 삶의 목표를 튜닝하며, 빠르고 바쁜 삶과의 유격(裕隔)을 통해 삶의 의미를 감성 시스템에 진하게 그려 넣을 수 있다. 앞만 보지 말고 이미 내 손에 있는 나의 것들을 즐겨 보자.

" 내 인생의
목표를
생각해 보세요

떨어져 있어야 보이는 내 삶의 의미

목표가 없는 삶은 불안하다

인생의 목표가 무엇인가? 의외로 금방 답하는 사람이 별로 없다. 그냥 열심히 산다는 것은 목표가 될 수 없다. 목표란 방향성을 포함한 것이기 때문이다. 좀 고민하다가 대답하는 삶의 목표는 대개 행복이다. 여성들은 모성애 때문인지 가족들의 건강도 많이 이야기한다. 행복과 건강. 어찌 보면 소박하다 싶으나 사실은 굉장히 큰 목표다.

최신 스트레스 관리 이론에서는 형용사와 부사가 빠진, 명사로 된 인생 목표는 가치가 없다고 이야기한다. 행복이라는 목표는 삶의 결과물이기에 측정이 쉽지 않다. 곧 목표가 없는 것이나 다름 없는 현상이 일어난다. 행복을 위해 아무리 노력한다 한들 근사함의 계기판은 올라가지 않거나 요동친다. 감성 에너지의 충전은 근사함의 수치가 안정적으로 유지될 때 일어난다. 이성적 성취를 위해 달리느라 지친 감성을 근사함으로 위로하고 충전해야 하는데 계속 요동치는 계기판은 감성 에너지의 소진을 일으킨다.

필자는 인생의 목표가 무어냐 툭툭 잘 물어본다. 재미있는 목표가 많이 나오면 좋겠지만 현실은 그렇지 못하다. 열심히 에너지를 투입하기는 하는데 감성에 대해서는 거의 투자하지 못하는 것이 우리 현대인의 슬픔이다. 철학적인 삶, 종교적인 삶이란 거창한 이론과 엄청난 헌신이 필요한 것이 아니다. 나는 왜 사는가 하는 가벼운 질문에서 시작된다. 목표가 없는 삶은 나를 생존 불안에 허덕이며 살게 하고 내 정체성마저 위협한다. 때로는 불안을 잊기 위해 중독적인 쾌락에 빠지게 된다.

외모가 멋진 87세 어르신이 불면 증상으로 방문했다. 어르신이 가장 먼저 한 질문은 수면제를 먹고 있는데 계속 먹어도 되는가 하는 것이었다. 그다음 질문은 얼마 전 풍기가 있었는데 풍 걸릴 확률이 얼마나 되겠는가 하는 것이었다. 어르신이 원하는 대답은 넣어 두고 불쑥 질문을 던졌다.

"몇 살까지 살고 싶으세요?"

웃으며 다소 당황해하다 요즘 100세 세상이니 그 정도까지면 좋겠지만 아니라도 최소 2~3년은 더 살고 싶다고 했다. 그럼 앞으로 2~3년 동안 무엇을 하기 위해 살고 싶은지 물으니 대답을 하지 못하다 가까스로 말했다.

"가진 책도 정리해 나누어 주고 싶고 아직 결혼 안 한 딸 셋도 결혼시키고 싶고……"

필자는 이렇게 답했다.

"책 정리야 하루 이틀이면 되는 일이고 자제분 결혼은 어르신 힘만으로는 안 되는 일이니 3년 동안 딱히 하실 일이 없네요."

인생의 목표를 구체적인 것으로 설정하지 않으면 삶이 불안해진다. 막연하게 '건강'을 목표로 삼으면 운동을 해도 갑자기 쓰러지지는 않을까, 병에 걸리지는 않을까 계속 불안하고 오늘을 즐기기가 힘들다. 그러다 보니 생활도 안 좋아지고 건강도 나빠지기 쉽다. 내일 죽는다는 마음으로 오늘을 확실히 즐기는 것이 행복할까, 아니면 오래 살고 싶은 마음에 건강 걱정만 하며 사는 것이 행복할까? 대답은 뻔하지만 실제 삶에 적용하기는 쉽지 않다. 나이가 들수록 삶에 대한 욕구가 강력해지기 때문이다.

필자가 들은 인생 목표 중 가장 황당하고 재미있었던 것은 50세 미혼 여성 기업가에게 들은 것이었다. 후발 주자였으나 뛰어난 크리에이티브로 오래된 중견 기업을 누르고 히트 상품을 계속 내니 주변에서 시기와 부러움이 컸다.

술 한잔 하는 자리에서 그 대표에게 인생의 목표가 무어냐 물으니 황당하게도 "어서 빨리 회사를 넘기고 목포로 내려가 대폿집을 연 후 뱃놈들과 놀고 싶다."라 한다. 인생의 목표는 꼭 이룰 필요는 없다. 그렇기에 현실적으로 가능한 가벼운 것이면서도 상징성이 있어야 한다. 그녀의 인생 목표에 한 방 맞은 느낌이었다. 정말 감성의 목표를 수면 밑에 가라앉히고 사는구나 하는 생각이 들었다.

반격하기 위해 얼굴에 난 멍 자국을 가리키며 보톡스 맞은 거냐 물었다. 그랬더니 웬걸, 전날 밤 술 먹고 취한 채로 길을

걷다 담벼락에 부딪혔단다. 보톡스 맞은 피부보다 훨씬 멋져 보였다.

많은 사람들이 각기 다른 재미있고 독특한 자신만의 인생 목표를 가지고 살면 좋겠다. 그러면 수재들만 모인 대학교에서 좌절감에 자살하는 학생이 연달아 나오는 슬프고 어처구니없는 일들도 사라지지 않을까.

뇌를 놀게 해야 내 인생의 의미가 보인다

내 인생의 목표가 무얼까 생각해 보려면 역설적으로 삶에서 거리를 두는 시선이 필요하다. 이를 '역설적 의도'라 하는데 유대인 출신 정신과 의사인 빅토르 프랑클이 '의미 찾기' 테크닉으로 제시한 것이다. 그는 과도한 의도가 오히려 심리적 문제를 야기한다고 보았다. 집착하는 문제에서 한 발짝 떨어져 그 문제를 객관화하고 내 인생에서의 의미를 부여하는 것이, 인파이터처럼 거리를 두지 않고 마구 공격해 들어가는 것보다 장기적으로 더 효과적이라는 이야기다.

프랑클은 2차 세계대전 때 아우슈비츠 수용소에 끌려가 수년을 보냈다. 매일 발가벗겨져 검사를 받고 다음 날의 생사를 장담할 수 없을 정도로 극도로 불안하며 인간 존엄성이라고는 찾아볼 수 없는 상황을 버텨야 했다. 수용소에 끌려온 사람들은 조금이라도 건강 상태가 나쁘거나 감시자들에게 밉보이면 가스실로 끌려가 삶을 마감했다.

그런데 그런 극단적인 상황에서도 자기 삶의 의미를 찾으려 애쓰는 사람들이 있었다. 프랑클은 인간의 가장 큰 욕망이 바로 자기 삶의 목적을 찾는 것이라는 깨달음을 얻고 의미 치료를 창시했다. 그 삶의 목적이란 게 치열한 삶 속에서가 아니라 내 바쁜 삶과의 유격에서 뚜렷해진다는 점이 그야말로 역설적이다.

내 삶과 유격을 두는 것이 오히려 역설적으로 삶의 의미를 느끼게 한다는 것, 최근의 신경과학 연구도 이를 뒷받침하고 있다. 기능성 자기 공명 영상 장치를 이용하면 실제 뇌에 전기적 자극을 주지 않고도 뇌 특정 부분의 활성도를 측정할 수 있다. 그래서 초기 연구는 인간의 특정 기능에 해당하는 뇌의 영역이 어디인지 확인하려는 노력이 많았는데 연구가 축적된 지금은 뇌의 특정 영역이 특정 기능을 하기보다는 여러 영역이 망을 이루어 기능하는 것으로 생각되고 있다. 현재 사회를 네트워크 사회라 하는데 우리 뇌의 신경망과 닮은 꼴인 셈이다.

개인의 성취를 위해서도 그렇고 기업 같은 조직의 발전에 있어서도 그렇고 생존과 성취를 이루게 하는 혁신적인 아이디어는 너무나 소중한 보물이다. 기울어 가던 회사도 기발한 아이디어가 터져 나와 기사회생하는 것을 보게 된다. 지금은 우리 손의 필수품이 되어 버린 스마트폰, 스티브 잡스의 아이디어로 애플은 최고의 기업이 되었다.

열심히 고민하면서 아이디어를 짜내면 멋지고 창조적인 생각이 길 띠오를까? 의외로 엉뚱한 장소에서 기발한 아이디어가 떠오르는 것, 경험한 적 있을 것이다. 우리 뇌는 특정 목적, 즉 과업(task)을 수행하지 않을 때도 작동하고 있는데, 이를 담당하는 신경망을 '태스크 네거티브 네트워크', 즉 목적 수행과 상관 없는 네트워크라 하고 기본적인 시스템이어서 기본 값(default)이라는 뜻의 '디폴트 네트워크'라고도 한다.

업무 수행이 외부의 새로운 정보나 자극을 처리하는 것이라면 디폴트 네트워크는 기존의 내재되어 있는 정보와 지식을 처리하는 과정이다. 혁신적인 아이디어는 이 디폴트 네트워크가 잘 작동할 때 쑥 튀어나오는 것으로 알려져 있다. 디폴트 네트워크는 지시형 업무 수행을 하지 않을 때 작동한다. 죽어라 일만 하는 것보다는 뇌를 놀게 해 주어야 오히려 문제 해결의 답이 될 수 있는 아이디어가 나온다는 이야기다.

뇌를 지시형 업무 수행에서 떨어뜨려 자유롭게 할 때 디폴트 네트워크가 활성화되는 것인데, 디폴트 네트워크가 잘 활성화되면 마치 내가 다른 장소, 다른 시간, 그리고 다른 사람의 뇌 안에 있는 느낌이 들고 더 나아가 다른 세상에 존재하는 느낌마저 느끼게 된다. 물끄러미 창밖 경치를 보다 기차에서 내렸을 때, 자주 오던 곳인데 낯설게 느껴지는 경험을 해 보았는지? 디폴트 네트워크가 활성화되어 나타난 현상이다. 이것을 '초월성 경험'이라 한다. 옛말로 도 닦는 것과 비슷한 효과라 할 수 있다,

1940년대 빅토르 프랑클이 말한 역설적 의도, 즉 바쁜 삶과 유격을 둘 때 오히려 삶의 의미를 잘 느끼게 된다는 것은 요즘의 신경 과학이 이야기하는 디폴트 네트워크를 활성화하는 것이라 생각된다. 정신없이 외부 자극과 새로운 정보에만 반응하는 것이 아니라 내부의 여러 경험과 지식을 통합하고 처리하는 과정에서 내 삶의 의미와 목표가 자연스럽게 내 가슴으로 느껴

지게 되는 것이다. 프랑클이 남긴 "자기 삶의 목적을 아는 사람은 어떠한 고난도 이겨 낼 수 있다."라는 말은 현대인에게도 시사하는 바가 크다. 바쁜 삶과 유격을 두는 것, 뇌 안의 디폴트 네트워크를 활성화하는 것 모두 연민 시스템을 활성화하는 작업이다.

"살아 있다면
마음 성공
할 수 있습니다

감성 에너지를 충전하는 자기 연민 훈련법

경험을 경험하기

성취와 성취를 즐기는 것은 다르다. 소탈한 마음을 가진 사람은 작은 성취에도 감사하고 그 콘텐츠를 깊이 즐길 수 있다. 불안한 마음도 마찬가지다. 불안의 내용과 내가 그 불안한 생각을 되새김질하느라 불안에 사로잡혀 빠져나오지 못하는 것은 다르다.

불안에 대한 가장 효율적인 대응은 그 내용을 참고만 하는 것이다. 진짜 걱정은 불안한 일이 실제로 닥칠 때 시작하면 된다. 암에 걸릴까 걱정되면 1년에 한 번 검진하고 꾸준히 운동하면 된다. 그 이상 할 일이 없다. 걱정을 계속한다고 병에 안 걸리는 것이 아니다. 스트레스 호르몬 분비를 활성화해 오히려 병에 걸릴 확률을 높인다. 걱정은 정말로 병이 생기면 그때부터 하면 된다. 그것도 필요한 만큼만.

그러나 말처럼 쉽지가 않다. 불안 사회이기 때문이다. 월세에 살 때는 전셋집에 살 수만 있다면, 다시 전셋집에 살 때는 내 집 마련만 할 수 있다면 하고 열심히 산다. 그러나 신기하게도 세 들어 살 때보다 내 집을 가졌을 때 더 불안해지기 일쑤다. 경제학 논리로는 설명이 안 된다. 불안 반응이 과도하게 커지면서 우리의 마음도 계속 타들어 간다.

내가 일차적으로 느끼는 경험을 객관화하는 능력이 필요하다. 우리는 우리가 느끼는 것은 모두 진실이라 착각하고 몰입하는 경향이 있다. 그러나 그 경험이 적절한지를 다시 따져 보아야 한다. 즉 '경험을 경험'해야 한다. 사색하며 걷는 것이나 뇌에 휴식을 주는 것은 마음을 최대한 이완하고 경험을 경험하기 위한 시간이다.

248

타이트한 인생 계획, 물론 중요하다. 열심히 사는 것도 중요하다. 그러나 왜 열심히 사는지 자신에게 꼭 되물어 보아야 한다. 행복하기 위해서라면 행복을 느끼는 일에도 익숙해져야 한다. 불필요한 감정 반응에 매몰되지 않고 씩 웃고 넘겨 버리는 여유에도 익숙해져야 한다. 나이가 들면서 자연스럽게 얻을 수 있는 기술이 아니다. 나이가 들수록 마음의 불안 시스템은 더 강하게 작용한다.

경험을 경험하기 위한 마음가짐을 다시 정리해 보자.

- 부정적인 마음은 그냥 신호일 뿐이다. 참고만 하자.
- 내 삶의 소중한 콘텐츠를 찾아보고 여기에 몰입하자.
- 자기 연민과 친해지자.

인생은 돌고 도는 것이고 올라갔다 내려갔다 기복이 있다. 그리고 남의 떡은 항상 커 보인다. 결국 내 삶에 자족하는 것만큼 멋진 삶의 방식은 없다. 자족하는 사람에겐 발전이 없다? 근거 없는 이야기다. 오늘 자족할 수 있는 사람이 10년 후 그리고 죽기 바로 전날에도 자기 삶에 만족할 수 있는 사람이다. 오늘

내 삶에 만족하지 못하는데 10년 후 그리고 죽기 전날의 삶이
만족스러울 것이라는 생각이 더 이상하다.

연민 시스템을 작동시키는 법

그렇다고 억지로 부정적 감정을 강제로 찍어 누르고 위장
된 행복감을 가지라는 이야기가 아니다. 여기서 균형 잡힌 연
민 이완 시스템의 작동이 절대적으로 중요해진다. 연민 이완
시스템이 잘 작동해야 내 삶의 가치들을 소중하게 여기고 불안
지구에 휩싸여도 어렵게 빠져나올 수 있다.

불안하지도 않은데 행복하지도 않다면, 이는 불안을 이성
으로 강하게 통제하고 있기 때문이다. 불안을 느끼지 못하는
것이 어떤 면에선 불안한 것보다 감성 노동이 심한 상태다. 이
런 경우 감정 변화가 매우 크다. 평소에는 조용하다가도 갑자
기 뚜껑이 열린다든지 기분에 따라 천당과 지옥을 왔다 갔다
한다고 이야기하는 분들이 있다. 결국은 감성 에너지가 소진되
고 분노와 슬픔의 감정 반응이 몰려오기 쉽다.

스트레스 시스템인 불안 생존 시스템은 '더 열심히 해. 지금
만족해신 안 돼. 다 바꾸어 버려.' 하며 마음을 통제한다. 생존

과 성취에 꼭 필요하다. 그러나 감성 에너지의 방전이 일어난다. 항스트레스 시스템인 연민 이완 시스템은 '괜찮아, 충분해. 넌 이미 멋지고 근사해.'라 신호를 보내며 치열한 삶과 유격을 만들어 주고 방전된 감성 에너지를 충전해 준다.

자기 연민 훈련은 이 연민 이완 시스템을 활성화하는 연습이다. 자기 연민을 훈련할 좋은 전략은 무엇일까?

(1) 사람과의 따뜻한 공감

자기 연민을 강화하는 데는 '사회적 참조'가 중요하다. 사회적 참조는 상대방의 반응을 통해서 나의 태도나 행동을 결정하는 것이다. 즉 자기 모습이 다른 사람에게도 의미 있게 비추어질 때 자기 연민이 강화된다.

내가 사랑받고 위로받을 수 있는 존재라는 확신이 중요하다. 그러려면 용기를 가지고 다른 사람에게 내 부끄러운 부분까지 털어놓을 수 있어야 한다. 내 속 이야기, 감추고 싶은 모습을 공유할 때 수용과 위로가 가능하다. 상대방의 세상에서 따뜻하게 위로받는 자신을 발견할 때 우리는 자신을 따뜻하게 연민할 수 있는 힘을 얻게 된다.

(2) 자연과의 교감

자연은 느리다. 성급하지 않다. 봄 다음에 겨울이 올 수 없고 항상 한결같은 모습을 보여 준다. 자연의 느린 주파수에 내 마음의 주파수를 맞추면 연민 이완 시스템의 작동을 원활하게 할 수 있다. 불안 생존 시스템이 속도 중심 시스템이라면 연민 이완 시스템은 느리지만 깊이 있는 시스템이기 때문이다.

자연의 변화를 즐기지 못할 정도로 바빠 살고 있다면 성취감이 나를 압도하고 있더라도 마음의 위기가 닥칠 가능성이 매우 높다. 빌딩을 몇 채 가긴들 무엇이겠는가. 자연의 변화를 즐길 여유가 있다면 빌딩이 많은 것도 도움이 될지 모른다. 그러나 계절을 즐기는 데 빌딩이 여러 개 필요한 것은 아니다. 빌딩 자체가 행복감을 만들어 내는 것은 아니기 때문이다.

그러다 보니 자연을 잘 즐기는 이들에겐 '빌딩은 많아서 뭐 하나.' 하는 생각이 든다. 건강한 허무감이다. 건강한 허무와 염세주의는 마음의 소탈함을 가져온다. 소탈할수록 자연을 즐길 수 있다.

앞에서 이야기한 것처럼 하루 단 10분 만이라도 사색하며 걷기를 즐겨 보자. 생각보다 바로 내 주변에 행복감을 줄 수 있는 콘텐츠가 즐비하다. 사진 찍기도 좋은 방법이다. 가벼운 마음으로 카메라를 들고 나가 마음 가는 대로 셔터를 누른다. 사진을 찍다 보면 자연에 더 몰입할 수 있다. 흘러가는 대로 보지 않고 집중해서 보게 된다.

(3) 문화와 예술에서 연민 얻기

명작을 보면 울적한 내용들이 더 많다. 좋던 기분도 사라질 것 같아 보기 싫다는 분들도 있다. 그러나 삶의 기본 감정은 약간 우울하다. 예술이라는 것이 마음의 내용을 미술과 음악 그리고 글로 옮긴 것이기에 인간의 우울한 심상이 담겨 있을 수밖에 없다.

예술 작품에는 공통된 인간성이 담겨 있다. 그래서 예술 작품에 몰입하다 보면 마치 누군가 나를 이해하고 공감해 준다는 느낌을 받게 된다. 우리 감성 시스템은 현실과 환상을 정확히 구분하지 않는다. 그렇기에 공통된 인간성이 담긴 문화 콘텐츠는 인격체인 양 우리 감성 시스템과 상호 작용을 일으킨다. 회사 퇴근 후 잠시 남은 시간, 가까운 미술관에 가서 명작을 물끄러미 바라보고 있노라면 내 감성이 촉촉해지는 것을 느낄 수 있다. '그래, 인생은 그런 거야. 웃으며 살 수 있어.' 하는 묘한 염세적 긍정이 마음을 따뜻하게 적셔 주는 것을 느낄 수 있다.

우디 앨런 감독이 연출하고 출연한 「에브리원 세즈 아이 러브 유」는 대가족 구성원들에게 일어나는 여러 가지 사랑 이야기를 담은 영화다. 치매에 걸렸다 돌아가신 할아버지의 장례식 장면이 있는데 갑자기 할아버지 혼령이 일어나서는 뮤지컬 가수처럼 노래를 부른다. 할아버지 혼령이 "네 인생을 즐겨라." 라고 외쳐 대면 다른 혼령들이 나타나 합창으로 외친다. "백만 장자가 된 다음부터 인생을 즐길 생각이냐."라고.

마음이 행복한 성공

열심히 일하고 인내하며 성취하면 행복할 것이라는, 우리 머릿속에 굳게 자리 잡고 있는 이 프레임은 반쪽짜리 진실이다. '마음 성공'의 새로운 프레임으로 기존의 성취 위주 프레임을 보완해야 한다. 성취 그 자체는 행복감을 지속시키지 못한다. 내 이미지가 다른 이의 마음 세상에서 아름답게 비쳐질 때 스스로를 근사하게 여기게 되고 '난 정말 근사해.'라는 마음을 가지고 살 수 있다.

자기 연민이라는 것은 근사함을 내 감성 시스템에 내재화하는 것이다. 경험을 경험하는 훈련을 통해 우리는 점차 스스로를 사랑할 수 있는 사람으로 바꾸어 나갈 수 있다. 유치해 보이나 인생에서 굉장히 중요한 작업이다.

우리는 모두 죽는다. 그러나 언제 죽는지는 모른다. 그러다 보니 젊었을 때는 죽지 않을 것처럼 겁 없이 살게 된다. 나이가 들어 죽음에 가까워질수록 삶의 본질에 더 집중하게 된다. 내가 정말 근사한 존재, 사랑받고 있는 존재, 가치 있는 존재인가 의문에 휩싸인다.

이 의구심이 만족스럽게 해결되지 않으면 엄청난 불안감이 쌓인다. 심리적으로 죽을 준비가 되지 않았기에 이대로 죽을 수 없다며 건강 염려증에 빠지거나, 아니면 허한 마음을 더 큰 성취로 채우고자 돈과 권력에 더 집착하게 된다. 결국 스스로를 더 욕심쟁이 늙은이로 만들게 된다. 주위에 사기꾼은 늘어나지만 정말로 마음을 주고받는 이는 없다.

마음 성공은 성취가 아닌 놀이에 있다. 잘 노는 사람이 진짜 성공한 삶을 누린다. 70세 넘어서는 학습 능력이 둔화되어 새로운 놀이를 개발하는 것도 쉽지 않다. 그렇기에 미리 노는 것을 연습해야 한다. 할 일이 많다. 돈도 벌어야 하지만 노는 것도 열심히 훈련해야 한다.

살아 있다면 우리는 마음 성공 할 수 있다. 마음 성공의 요소는 내 마음을 터놓고 위로받을 수 있는 사람 한 명, 내 영혼을 맡기고 놀 수 있는 자연, 그리고 삶의 굴곡이 담겨 있는 문화 콘텐츠를 즐길 수 있는 놀이 하나면 된다. 이것이 없는 사람이 너무나 많다. 그래서 "스트레스 어떻게 푸세요?" 하면 신입 사원부터 회장님까지 꿀 먹은 벙어리다.

인간은 나를 따뜻하게 바라봐 주는 대상 없이 숨 쉴 수 없다. 그 대상이 존재하면 숨 쉴 수 있고 또 그 따뜻한 연민의 힘이 늘어나면 나도 상대방에게 연민을 줄 수 있다. 연민을 줄 수 있다면 내 자기 연민의 힘은 더 커진다.

대단한 인류애를 가진 헌신적 사람이 되자는 이야기가 전혀 아니다. 나의 약함을 내 보일 수 있는 용기, 그 약함을 위로해 주고 담아 주는 상대방을 소중하게 여기는 마음, 내 주위를 감싸고 있는 자연을 향유할 수 있는 여유, 그리고 사람의 마음을 위로하기 위해 만들어진 음악, 미술, 서적을 사랑하고 그 콘텐츠에 위로받을 수 있다면 우린 마음 성공 할 수 있다.

인생 정말 별것 없다. 별것 없게 설계되어 있다. 대단한 행복이 있는 것으로 착각하게 만드는 수많은 가짜 정보들이 실제로는 우리를 불행하게 만든다. 오늘 내가 만나는 사람, 그 사람을 관찰하고 그 순간에 몰입할 때 행복할 수 있다.

열심히 일해서 성취하는 것, 자본주의에선 절대 가치다. 그러나 우리 마음의 행복은 내가 타인의 마음에 아름답게 비추어질 때 찾아온다. 당신이 가진 아름다운 성취로 다른 이들을 멋지게, 마음껏 유혹하라. 힘이 아닌 따뜻한 관심과 연민으로.

윤대현의 마음 성공

열심히 일할수록 삶의 의미를 잃어 가는 당신을 위한 심리학 강의

1판 1쇄 펴냄 2014년 5월 23일
1판 6쇄 펴냄 2020년 5월 6일

지은이   윤대현
발행인   박근섭·박상준
펴낸곳   (주)민음사

출판등록   1966. 5. 19. 제16-490호
주소   서울특별시 강남구 도산대로1길 62(신사동)
          강남출판문화센터 5층 (우편번호 06027)
대표전화   02-515-2000 | 팩시밀리   02-515-2007
홈페이지   www.minumsa.com

ISBN 978-89-374-8924-2 03180

* 잘못 만들어진 책은 구입처에서 교환해 드립니다.